DR SERGE MARQUIS

Les Aventures *illustrées* de Pensouillard le hamster

Comment apprivoiser l'ego

DESSINS DE GILLES RAPAPORT

**Éditions
de La Martinière**

Département éditorial Art de vie

Retrouvez-nous sur www.editionsdelamartiniere.fr
et sur facebook.com/editionsdelamartiniere

ISBN : 978-2-7324-8236-1

Réalisation : Laurence Salaün

Achevé d'imprimer en septembre 2017 sur les presses
de Normandie Roto Impression S.A.S, à Lonrai
Dépôt légal : octobre 2017
Imprimé en France
N° d'impression : 1702685

Sommaire

Avant-propos

Pourquoi une version illustrée de *On est foutu, on pense trop !* ?
Parce que d'innombrables personnes l'ont suggéré, disant qu'il leur serait plus facile de comprendre les pitreries de Pensouillard si elles étaient traduites sous forme d'images. En les écoutant, je me suis rappelé à quel point certains dessins avaient été éclairants au cours de ma vie. Des questions complexes avaient trouvé réponse devant une simple caricature. Je suis aujourd'hui convaincu que quelques traits de crayon peuvent changer la face du monde.
Et puis il y a eu la rencontre de l'artiste : Gilles Rapaport. Cet homme a un talent fou. Il possède ce don rare et merveilleux de représenter avec un humour percutant des concepts délicats. Ses créations provoquent des éclats de rire instantanés, parce que nos travers y sont représentés avec une justesse inouïe. On rit du rire de celui qui apprend à rire de lui-même, et à y trouver la paix. Travailler avec lui fut un pur plaisir. Merci Gilles !
Quand j'ai vu ses premières planches, j'ai compris qu'on était en train de fabriquer un nouveau livre. Nous sommes ailleurs. Outillés de moyens différents pour apprivoiser ce satané hamster qui gambade sans cesse dans nos têtes, et nous fait passer à côté de nos vies.
Puisse ce nouveau livre reconquérir les mêmes lecteurs et en conquérir de nouveaux !

Serge Marquis

INTRODUCTION

Comment se faire souffrir avec des banalités

« Une grande partie de la souffrance humaine est inutile.
On se l'inflige à soi-même. Une grande partie de la souffrance
humaine est associée à une forme ou à une autre
de résistance, de non-acceptation de ce qui est. »
ECKHART TOLLE

Pensouillard...

Vous avez un hamster dans la tête !
Et ce petit rongeur invisible est capable,
en une fraction de seconde, de capter toute votre attention
et se mettre à courir à vous en faire perdre la boule !

Stop ! Arrêtez-vous !
Il est grand temps de faire une pause dans votre journée...
et surtout dans votre tête.

J'AIMERAIS VOUS PRÉSENTER CE FAMEUX HAMSTER ET VOUS APPRENDRE COMMENT CALMER SES ARDEURS. CAR, DISONS-LE TOUT NET, RIEN NE VOUS OBLIGE À SUBIR SA PRÉSENCE. AVEC CE LIVRE, JE SOUHAITE SIMPLEMENT VOUS AIDER À VOUS LIBÉRER DE CETTE NUISANCE.

Chapitre 1

Pensouillard entre en scène

« L'ego est le résultat d'une activité mentale
qui crée et maintient en vie
une entité imaginaire dans notre esprit. »
Han F. de Wit

Pensouillures...

Ce petit hamster qui trotte dans la tête des humains, je l'ai appelé Pensouillard. Pourquoi ? Parce qu'il « pensouille » beaucoup ! Et ses « pensouillures » occupent notre esprit toute la sainte journée : jugements, blâmes, critiques, ressassements, regrets, etc.

C'est un monstre ! Cette petite bête est le maître de la souffrance, celui qui la crée et la répand.

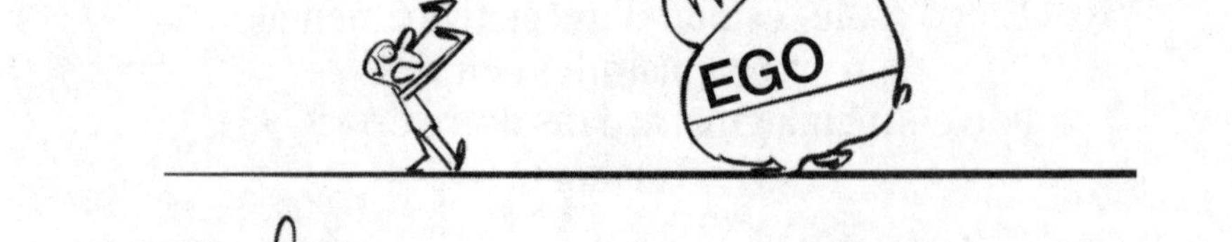

Les 24 heures chrono de Pensouillard

Une journée ordinaire dans une vie tranquille...
Voyez comment la bête vous mène par le bout du nez...

7 h

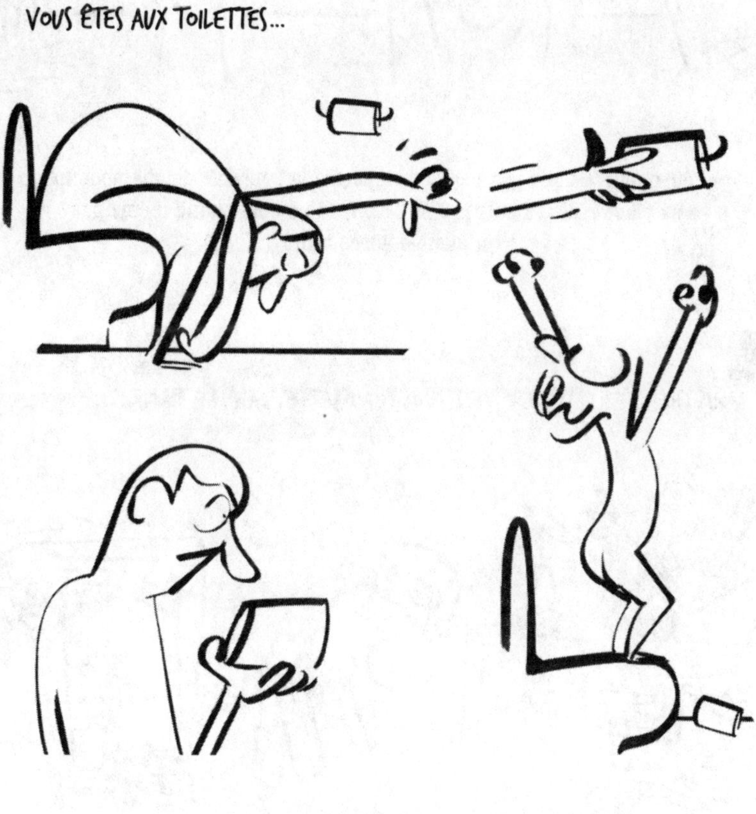

« C'est pas vrai ! Pourquoi c'est toujours à MOI que ces choses arrivent ?
Je dois tout faire ici ! Ce n'est tout de même pas compliqué de changer un rouleau de papier toilette, merde ! Il ne faut pas être sorti de Saint-Cyr ! »

7 h 10

VOUS ÊTES SOUS LA DOUCHE…

« Pourquoi n'a-t-elle pas pensé à remettre la bouteille de shampooing à sa place ? Et les autres ? Et MOI ? Je ne suis quand même pas un meuble après tout ! »

7 h 20

VOUS CHERCHEZ DÉSESPÉRÉMENT VOS CHAUSSETTES DANS LE TIROIR…

« Ah, Madame est au-dessus de ça ! Tout pour son travail, rien pour les autres, rien pour moi ! N'empêche, si je n'étais pas là, je ne sais pas comment elle s'en tirerait. Dire que je me plie en quatre pour lui offrir une belle vie et voilà comment je suis récompensé. »

7 h 30

VOUS ÊTES DANS LA CUISINE...

« C'est pas croyable ! Comme si je n'avais rien d'autre à faire que de vider la poubelle ! Au service de Mademoiselle-la-Princesse ! C'est sûr, elle pourrait se salir, se contaminer ou se piquer avec l'os de poulet et s'endormir pour cent ans ! Sait-elle seulement changer un sac-poubelle ? »

7 h 45

VOUS ÊTES EN VOITURE...

« Mais réveille-toi, imbécile ! T'es peut-être pas pressé, toi, mais moi, on m'attend ! Pas étonnant qu'on soit dans la merde avec des abrutis dans ton genre ! »

8 h 45

VOUS ÊTES FACE À UN AUDITOIRE… ARRIVE UN RETARDATAIRE…

« Qu'est-ce qu'ils ont tous à le regarder, celui-là ? Un nul qui trouve toujours le moyen de se faire remarquer ! Et moi, plus personne ne m'écoute ! »

10 h

MESSAGE DE VOTRE MÈRE. VOTRE PÈRE A ÉTÉ TRANSPORTÉ À L'HÔPITAL…

« Zut, ça tombe mal, avec tout ce que j'ai à faire aujourd'hui !
C'est bien lui, ça, tout pour me pourrir l'existence…
Et qui m'a piqué ma boîte d'aspirine ? C'est comme si la vie m'en voulait.
Je ne lui ai pourtant rien fait, moi, à la vie ! Pourquoi est-elle si dure avec moi ? »

13 h

UN COLLÈGUE VOUS A SOUFFLÉ LA PROMOTION QUE VOUS CONVOITIEZ...

« Pourquoi lui ? Qu'est-ce qu'il a de plus que moi ? Lèche-bottes ! J'aurais dû m'en douter, la compétence, ici, on s'en fout ! Une langue bien pendue vaut mieux qu'un soupçon de talent ! De toute façon, j'en ai marre de travailler ici. Je ne suis pas à ma place... Pour la reconnaissance, je peux repasser ! »

19 h

DÎNER AVEC DES AMIS. R., L'HOMME DE TOUS LES EXPLOITS RACONTE SES PROUESSES...

« La semaine dernière, j'ai bu un Château d'Yquem 1982 dans ce restaurant trois étoiles qui vient d'ouvrir. Jamais rien goûté d'aussi fabuleux ! »

« Pourquoi n'ai-je pas une vie comme ça, moi ? Ça m'énerve, tout lui réussit. Il prendrait un billet de loto qu'il gagnerait, c'est sûr ! Et il est généreux en plus... Écœurant ! Il n'est pourtant pas tout seul à servir l'humanité ! »

22 h

TÉLÉPHONE. C'EST LA POLICE...

« Votre fils a été arrêté en état d'ébriété et en possession de cannabis. »

« Qu'est-ce que j'ai fait au bon Dieu pour mériter ça ? Il n'a pourtant manqué de rien, cet imbécile ! J'ai toujours été là pour lui ! Et ses amis ! Tous des bons à rien ! »

Minuit

VOUS ÊTES AU LIT, LES YEUX GRANDS OUVERTS...

« Où est-ce que je me suis trompé ?... Mon fils est un junkie parce que je suis un parent pourri... Ma carrière stagne parce que je suis nul... Même mes amis doivent avoir pitié de moi... »

Se calmer les nerfs

Vous avez reconnu la présence de l'ego ? Ego : un mot utile pour identifier l'activité mentale qui, quelque part, au cours de l'histoire, s'est prise pour un individu ; en d'autres termes : pour vous, pour moi, le grand Je. Ego et Pensouillard… c'est du pareil au même !

Pensouillard veut que tous les projecteurs soient braqués sur lui. Il ne peut pas admettre, ne serait-ce qu'une seconde, que votre conscience s'éveille car il a lui-même terriblement peur de mourir, de disparaître. Sa petite cervelle de hamster est mue par cette seule logique : lorsqu'on est spécial, unique ou important, il y aura toujours quelqu'un pour s'intéresser à soi. Cette croyance est le moteur de sa course, ainsi que de la souffrance qu'elle entretient.

« Et moi alors ? On ne s'occupe plus de moi ?
On m'abandonne ?
Que va-t-il m'arriver ? »

CE RÉFLEXE PRIMITIF REMONTE À L'ÉPOQUE OÙ L'HOMME DEVAIT SANS CESSE SURVEILLER SES ARRIÈRES, NOTER LE MOINDRE CHANGEMENT DANS SON ENVIRONNEMENT AFIN DE N'ÊTRE PAS DÉVORÉ TOUT CRU ! AUJOURD'HUI, L'EGO EST TERRIFIÉ PAR LA PERSPECTIVE QUE TOUTE ATTENTION DISPARAISSE (OU N'APPARAISSE JAMAIS) ET QU'AINSI IL MEURE DE N'ÊTRE PLUS NOURRI.

Retenez ceci : c'est la peur de notre Pensouillard qui fait naître ces tempêtes sous notre crâne.

« C'est moi qui aurais dû être promu... moi qui ai travaillé si dur... Quant à Roger, il devrait me respecter davantage. Il n'est pas tout seul sur la planète ! J'en ai fait des choses exceptionnelles, moi aussi ! Et mon fils, n'ai-je pas tout fait pour lui... ? »

« J'ai l'impression de ne vivre que pour les autres... Et moi ? Qui est là pour moi ? Y a-t-il quelqu'un sur cette planète pour voir que j'existe ? Y a-t-il quelque part au monde un hamster compatible avec le mien ? »

La cause de votre souffrance, c'est votre ego...
Tout ce tapage mental, c'est le petit moi en pleine action.
Pensouillard veut éliminer ce qui le menace, frapper là où ça pourrait faire le plus mal. Il suffit d'un rien pour que l'esprit soit pris au piège de sa roue et soit poussé aux pires atrocités.

Halte au tapage mental !

Mais vous, n'êtes-vous pas fatigué de ce tapage perpétuel qui ne mène nulle part ? N'avez-vous pas envie que cesse ce vacarme et que s'épanouisse à la place un espace vous permettant de savourer quelques-unes des innombrables beautés qu'offre la vie ?

Le parfum des pivoines sous le soleil d'été ou le café du matin ? La saveur des fraises fraîchement cueillies ou le thé vert coulant dans votre gorge ? Le soyeux d'une jolie robe ou l'herbe humide sous vos pieds ? La brise du bord de mer ou le chant du merle moqueur ? Les couleurs de l'aube pleine d'espoir ou les teintes apaisantes du crépuscule ? Et si le véritable enjeu était de trouver plutôt des solutions aux problèmes qui apparaissent sur votre route ? Et si vous aidiez vraiment votre fils ? Et si vous parveniez à donner votre conférence en paix ? Et si vous arriviez à passer une bonne soirée malgré les fanfaronnades de R. ?

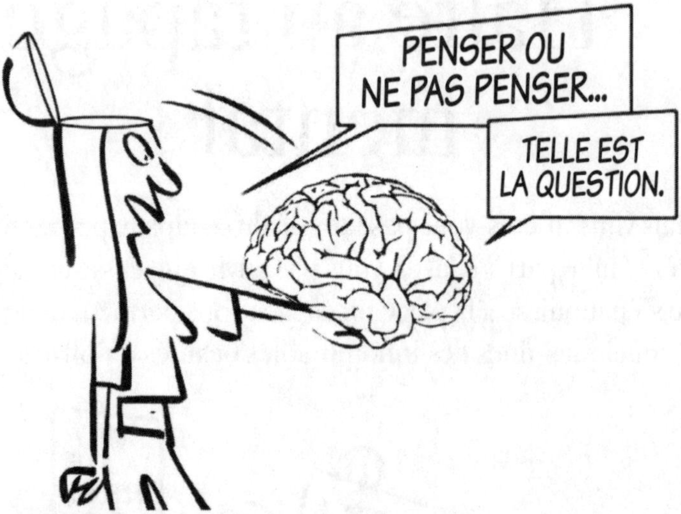

Chapitre II

Petit traité de décroissance personnelle

« Il n'y a pas de penseur si vous ne pensez pas.
C'est la pensée qui a créé le penseur. »
Jiddu Krishnamurti

Vous avez dit… décroître ?

Ne vous inquiétez pas, vous n'allez pas disparaître !

La décroissance personnelle ne signifie pas la mort de votre ego. Votre cher petit moi ne vous abandonnera pas ! La décroissance personnelle est la fraction de seconde au cours de laquelle vous prenez conscience que votre esprit est entièrement habité par des mots ou des images contaminés par l'ego. C'est l'instant où l'attention surprend Pensouillard alors qu'il monte dans sa roue.

Il suffit d'une seconde pour décroître. Oui, une seule ! C'est la seconde la plus importante de toute votre vie et également la plus difficile à conquérir. Grâce à cet instant de conscience, vous cesserez d'être l'esclave de Pensouillard.

CETTE SECONDE DE DÉCROISSANCE PERSONNELLE CONSISTE EN UN FLASH, UN ÉCLAIR DE CONSCIENCE QUI PERMET DE PASSER D'UNE ACTIVITÉ MENTALE ESSENTIELLEMENT CENTRÉE SUR L'EGO À UNE AUTRE QUI NE L'EST PAS DU TOUT. AU COURS DE CETTE SECONDE. L'ESPRIT PASSE D'UNE AGITATION MENTALE DU TYPE « MOI… MOI… MOI » À UNE ACTIVITÉ DONT L'EGO EST TOTALEMENT ABSENT. IL S'AGIT DU TRANSFERT DE L'ACTIVITÉ MENTALE-EGO À L'ACTIVITÉ MENTALE-CONSCIENCE.

S'entraîner

Regardez donc notre ami Serge – l'auteur de ce livre – aux prises avec son propre ego…

PENSOUVILLURES EN MODE SUCCÈS

« Ce sera un livre unique, un best-seller qui va bouleverser le monde. Je vais décrocher des tas d'interviews, bénéficier de critiques extraordinaires et empocher des ventes astronomiques. Je serai riche, on verra mon livre et ma photo partout... »

PENSOUVILLURES EN MODE ÉCHEC

« Ça ne va intéresser personne, le texte sera descendu en flèche par les critiques, les ventes seront nulles, le livre va disparaître sous les piles... Personne ne me comprend. Les gens sont vraiment idiots. C'est pourtant simple... ! »

SERGE PREND CONSCIENCE DES PENSOUILLURES…

« Reviens, Serge, reviens... ne laisse pas Pensouillard s'emparer de ta créativité. Écris ! »

L'activité mentale-ego cherche la croissance personnelle, alors que l'activité mentale-conscience ne cherche rien du tout. Elle apparaît lorsqu'il y a décroissance personnelle, c'est-à-dire après ce déclic qui libère du moi. La conscience est alors libre d'accueillir ce que les sens perçoivent, libre d'aimer et d'offrir de la compassion, libre de goûter le beau et de créer l'utile à la vie.

IL Y A DANS NOTRE TÊTE UNE ACTIVITÉ MENTALE EXCLUSIVEMENT TOURNÉE SUR QUELQUE CHOSE QU'ON APPELLE « MOI » ; CETTE ACTIVITÉ MENTALE-EGO TENTE À TOUT PRIX DE PRÉSERVER CE MOI, VOIRE DE LE FAIRE CROÎTRE. ET IL Y A CETTE AUTRE ACTIVITÉ MENTALE, TOTALEMENT DÉTOURNÉE DE CE MOI : L'ACTIVITÉ MENTALE-CONSCIENCE. ELLE OBSERVE LES PENSÉES, LES ÉMOTIONS (SENSATIONS PHYSIQUES) OU CE QUE PERÇOIVENT LES SENS. LES PENSÉES (SANS MOI) SONT CELLES QUI PERMETTENT DE CRÉER DES ŒUVRES D'ART, DE FAIRE DES COURSES, DE PLANIFIER DES VOYAGES, DE DIRE « BONJOUR, COMMENT ÇA VA ? » ET, SURTOUT, D'ÉCOUTER LA RÉPONSE. CE SONT DES PENSÉES QUI ANALYSENT LA QUALITÉ DE L'EAU POTABLE ET COORDONNENT LA GESTION DES DÉCHETS ; DES PENSÉES QUI FONT DES PLANS POUR CONSTRUIRE DES ABRIS ET DISTRIBUER DES VIVRES AU LENDEMAIN D'UN TREMBLEMENT DE TERRE. MAIS ATTENTION, CETTE ACTIVITÉ MENTALE-CONSCIENCE RISQUE À TOUT INSTANT D'ÊTRE ÉVINCÉE PAR SA RIVALE, L'ACTIVITÉ MENTALE-EGO, AUTREMENT DIT PAR PENSOUILLARD ET SES PENSOUILLURES.

La vigilance

Un mot décrit bien le déclic qui entraîne la décroissance personnelle : la vigilance. C'est l'éclair de lucidité qui permet de nous dire « Ça y est, voilà Pensouillard qui s'énerve ! », comme si notre activité mentale-conscience découvrait tout à coup son envers (activité mentale-ego) en le prenant en flagrant délit d'agitation mentale.

En tant que médecin, il m'est arrivé de voir des personnes mourir après s'être fait « soigner » par des guérisseurs à la petite semaine. Peut-être auraient-elles pu survivre, mais elles avaient rencontré quelqu'un « d'unique » qui, par la seule imposition des mains, pouvait faire disparaître le cancer !... Ouah ! Malheureusement, elles n'ont pas vu Pensouillard à l'œuvre derrière ces doigts magiques. Et chaque fois qu'un gourou exploite des personnes vulnérables, extorque leur argent, c'est Pensouillard qui mène la danse...

Pensouillard Gourou

PENSOUILLURES EN MODE SUCCÈS

« Je suis le Grand manitou, le maître de l'Univers. Moi seul détiens la vérité. J'ai des pouvoirs magiques et peux guérir tous les maux de la Terre ! »

PENSOUILLURES EN MODE ÉCHEC

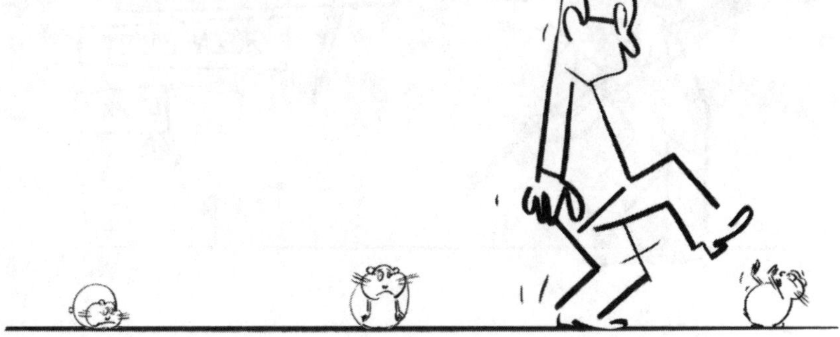

« Personne ne voit mes dons, personne ne reconnaît mon savoir... Les gens sont tous des minables, ils n'ont pas le niveau pour comprendre... ! »

Vigilance !

« Sois présent et incarne ce que tu racontes. Écoute… Accueille…
Et PEUT-ÊTRE alors deviendras-tu un modèle… Sinon, quelle importance ? »

L'inquiétude vous gagne ? Et cette décroissance,
comment fait-on pour l'amorcer ?

Pas de temps à perdre, les réponses, tout de suite!

LA VIGILANCE EST EN PERMANENCE À L'AFFÛT DU HAMSTER. TEL UN CHASSEUR, ELLE OBSERVE PENSOUILLARD ET LE TRAQUE ; C'EST LA SEULE CRÉATURE DONT IL NE FAUT PAS CRAINDRE L'EXTINCTION !

Commençons à décroître…

Le monde moderne fait l'apologie de la croissance personnelle. Vous n'avez qu'à lire les journaux. Tous les jours, on y vante les mérites de ceux qui ont réussi : sportifs, artistes, gens d'affaires… Et l'on vous dit que, vous aussi, vous pouvez atteindre ces mêmes sommets. Grosse erreur !

LA CROISSANCE PERSONNELLE EST UN MYTHE. PIRE ENCORE, UNE DANGEREUSE ILLUSION NÉFASTE POUR LA SANTÉ ; VOUS ÊTES DE PLUS EN PLUS NOMBREUX – ON NE COMPTE PLUS LES STATISTIQUES MONDIALES QUI ABONDENT DANS CE SENS – À GOBER DES TONNES DE PILULES PARCE QUE VOUS VOUS SENTEZ DÉPRIMÉS, ANXIEUX, INSOMNIAQUES, UNIQUEMENT À CAUSE DU TAPAGE INCESSANT QUE FAIT PENSOUILLARD ! OR, PLUS L'ANIMAL COURT, PLUS IL Y A DE BRUIT DANS VOTRE TÊTE ! ET PLUS IL Y A DE VACARME, PLUS C'EST DOULOUREUX.

Une autre illusion est de croire qu'en obtenant tout ce que vous voulez dans la vie la roue s'arrêtera de tourner dans votre crâne. Ne vous y trompez pas ! Plus vous en AUREZ, plus vous en VOUDREZ, ainsi va la vie. Comment croyez-vous que vivent les vedettes, les milliardaires ou les icônes de la beauté ? Dans un flot de pensouillures continu qui les pousse à rechercher encore et toujours plus !

Nous vivons dans un monde malade du moi.
Un monde fou de Pensouillard !
Alors, à quoi peut bien servir la décroissance personnelle ?

Décroître, c'est renouer avec les choses simples de la vie et en profiter pleinement, l'esprit tranquille.

C'est écrire de la poésie, soigner des malades, réparer des routes endommagées, éduquer ses enfants... Le bonheur peut se nicher dans tout ce que vous faites, pourvu que vous vous y consacriez totalement. Mais surtout, la décroissance personnelle n'est pas une histoire d'abnégation, de renoncement, de frustration. Il s'agit de s'ouvrir et de devenir « plus » intelligent.

Pensouillures... pensouillures...

PARKING. L'ANGOISSE VOUS PREND...
VOUS AVEZ QUITTÉ VOTRE VOITURE SANS NOTER SON EMPLACEMENT PRÉCIS...

« Mais où j'ai laissé ma voiture, bon sang ! ? Quel crétin je fais, quand même ! Il n'y a qu'à moi que ça peut arriver !... »

Ce qu'il faut, c'est apaiser Pensouillard (soit votre ego, vous l'avez compris). Dès lors, votre mental pourra se concentrer efficacement sur sa quête, sans s'affoler. C'est lorsqu'elle est libérée de l'ego que la pensée est véritablement utile. Alors elle va puiser calmement dans votre mémoire pour se concentrer sur les seules options valables :

« Au premier étage ? hum !... au deuxième peut-être ? au troisième ? »

Et pour être capable de ça, il faut vous entraîner.

Exercice

LA RECHERCHE DE VOTRE VOITURE DANS LE PARKING…

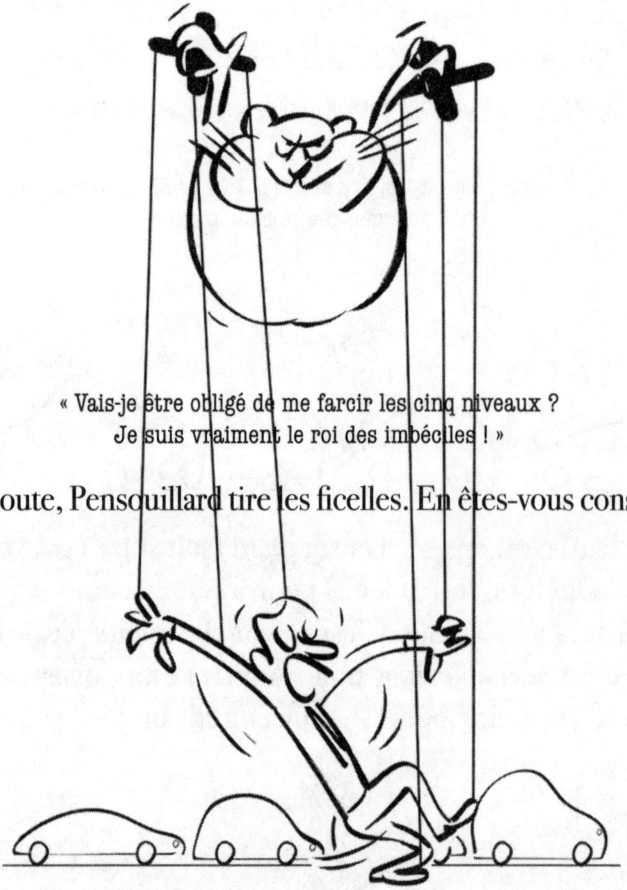

« Vais-je être obligé de me farcir les cinq niveaux ?
Je suis vraiment le roi des imbéciles ! »

Pas de doute, Pensouillard tire les ficelles. En êtes-vous conscient ?

Appuyez votre dos contre un mur, fermez les yeux et placez votre attention sur le souffle. Vous pouvez même compter : inspiration – 5 secondes ; pause – 5 secondes ; expiration – 5 secondes…
Gonflez toujours l'abdomen à l'inspiration pour étirer le diaphragme.
Ce geste stimule le nerf pneumogastrique qui envoie un signal au cerveau, lui intimant l'ordre de stopper la sécrétion des hormones du stress.

ET LÀ… ÇA S'ARRÊTE !

Tout doucement, revenez à la pensée sans ego :

« Voyons voir... Hum ! je suis arrivé à telle heure par la porte ouest... Il n'y avait aucune place au rez-de-chaussée... J'ai suivi les indications vers le deuxième niveau... C'est ça, je me suis garé au deuxième étage ! »

Vous voyez qu'il s'agit d'une séquence de pensées sans précipitation, sans jugement, sans mépris pour vous-même ou pour les concepteurs du parking ; l'ego a été mis de côté. Ce genre d'exercice exige de la discipline, mais quel bien il va vous faire !

Discipline, du mot latin *discere*, qui veut dire « apprendre »... Et s'il y a rechute – et elles seront nombreuses –, soyez bienveillant à votre égard.

« Bon, je me suis énervé, ce n'est pas grave... Au moins, j'en ai pris conscience, c'est déjà un progrès ! »

La décroissance personnelle au ralenti

Vous savez, comme ce genre de séquence au cours de laquelle un joueur de foot reçoit un coup de coude en plein visage, et que l'on vous repasse d'innombrables fois la scène au super-ralenti. Pensouillard, qui s'identifie au joueur blessé, est particulièrement excité. Votre petit moi réagit comme s'il avait lui-même reçu le coude dans la mâchoire ! Et soudainement, devant votre téléviseur, tout votre corps est prêt à se battre ; les muscles, le cœur, tout !

« Le salaud ! Incroyable ! J'espère qu'on va le pendre par les couilles, c'est tout ce qu'il mérite ! »

Revenons à votre mental pour découper la décroissance personnelle en trois séquences. Pour vous y aider, voici quatre exemples de décroissance personnelle vécue au ralenti.

Exemple n° 1 – Le joueur de foot

SÉQUENCE I

Vous êtes vautré dans le canapé, la main gauche plongée dans un paquet de chips et la droite serrée autour d'une bière...

« Scandaleux ! C'est du catch qu'il devrait faire, pas du foot !
Un QI de bulot dans un cerveau de limace ! »

Vous êtes maintenant debout. Votre ego réclame justice. Pensouillard a l'impression d'être un moins-que-rien. Sans ces belles histoires de victoires, de conquêtes et de reconnaissance qu'il vit par procuration, il a l'impression de ne plus exister.

SÉQUENCE II

Vous vous êtes entraîné, tous les jours depuis quelques mois, à devenir conscient... Alors, pendant que Pensouillard s'énerve dans votre esprit, un déclic se produit : vigilance!

« Du calme, là-haut... Ce n'est pas parce que le petit moi s'énerve, là, entre les neurones, qu'il faut sauter sur la pelouse ! Ramenons l'attention sur le souffle, sur la sensation des poings fermés, des dents serrées... »

SÉQUENCE III

Peu à peu, le petit moi se retire. Le mental est désormais focalisé sur la sensation du contact de vos pieds avec le sol, de vos cuisses sur le canapé, de votre dos sur le coussin. Vous observez les pensées assassines et les trouvez de plus en plus ridicules. Vous en comprenez l'origine : votre identification au joueur. C'est cette figure superficielle, cette source de divertissement qui a nourri votre petit moi. Vous sentez maintenant s'effectuer le passage de l'activité mentale-ego à l'activité mentale-conscience. La paix s'impose en vagues très douces dans vos épaules, puis dans tout votre corps. Votre petit moi disparaît peu à peu, au profit d'un profond bien-être.

Exemple n° 2 – Le concierge

SÉQUENCE I

Vous êtes responsable de l'entretien dans une école. Il est 18 heures, c'est la fin de votre journée de travail...

« De toute façon, je ne suis rien, moi, ici. Je fais un métier de minable. Une vie de merde. J'avais pourtant du talent... Il est trop tard maintenant. La seule expertise que j'ai, c'est celle du lavage des planchers. Et ça, personne ne s'en rend compte. »

SÉQUENCE II

Soudain, le déclic se produit. L'activité mentale-conscience saute dans la roue et, tel un superhéros, freine sa course folle.

« Oups, Pensouillard occupe toute la place et ça fait mal ! »

Le déclic vient de s'amorcer. Le processus de décroissance personnelle débute. Vous décidez alors de jouer avec votre attention. Vous la placez d'abord sur votre respiration pendant quelques secondes, puis sur les sensations qui parcourent votre corps, sur la souffrance physique générée par l'activité de Pensouillard, sans analyser, sans porter de jugement. Peut-être pouvez-vous même décrire vos malaises :

« Il y a une contraction là, à la hauteur de l'estomac,
et comme une brûlure dans la gorge. »

Vous portez alors votre attention sur vos pensouillures (c'est le plus difficile à faire), que vous remplacez par des pensées intelligentes :

« C'est quoi, ce mépris pour mon travail ?
Cette autoflagellation ? Où est-ce que ça mène ? »

SÉQUENCE III

La décroissance personnelle est presque achevée. Vous amenez tranquillement votre attention sur les détails de votre travail. Vous regardez le plancher que vous avez fini de laver, la netteté du sol, l'éclat qui en ressort, l'odeur de propre qui s'en dégage. Un sentiment de plénitude envahit votre corps. Le mot contentement s'impose à vous. Et ce n'est pas le petit moi qui parle, c'est juste la conscience du travail bien fait. L'activité mentale-conscience est concentrée sur la contribution au bien commun, sur le bien-être des jeunes qui fréquentent l'école où vous travaillez. La décroissance personnelle est terminée.

Exemple n° 3 – Avoir 83 ans

SÉQUENCE I

Vous vivez seul(e). Vos enfants et vos petits-enfants sont tous très occupés. C'est la modernité qui veut ça, avec ce besoin d'avoir plus, toujours plus...

« C'est normal, il faut bien qu'ils gagnent leur vie. Ils ont leur écran plat à payer. Et leur copropriété en Floride. Et leurs voyages en Asie. La vie est tellement chère aujourd'hui ! »

Sans transition, Pensouillard ajoute :

« Et moi, que me reste-t-il ? Je ne sers plus à rien. Ils n'ont plus besoin de mes conseils, de mon expérience. Je suis fini(e), ça ne vaut plus la peine... »

Votre petit moi est en pleine déprime. Il n'a plus d'identité à laquelle se raccrocher. Plus de rôle de parent, de grand-parent, de conjoint. Il a l'impression d'être déjà mort.

SÉQUENCE II

Heureusement, il y a trois ans, vous avez commencé à travailler à la décroissance personnelle. Et là, tout à coup, le fameux déclic se fait ! L'étincelle de conscience apparaît :

« Oups ! j'ai le gros ego qui fait son tapage. Ça court, ça gigote, ça fait du bruit là-dedans ! Une vraie discothèque ! »

Vous réalisez que vous devez diriger votre attention vers votre respiration (ou vers la lumière qui entre par la fenêtre), mais c'est difficile. Le petit moi ne lâche pas aussi facilement ! Il reprend de plus belle :

« Ça ne serait pas comme ça si j'étais né à une autre époque ! Il y aurait autour de moi de l'amour, de l'affection ! Toute une vie de sacrifices pour des enfants ingrats ! »

Par chance, votre entraînement permet à l'activité mentale-conscience de demeurer présente. Comme un coureur des bois dont les sens seraient en état d'alerte, elle observe le hamster dans sa roue :

« Ah ! La petite bête est bien agitée aujourd'hui ! Il court, ce petit moi, il s'énerve dans l'espoir de se faire flatter un peu... Tant d'agitation pour rien ! »

L'activité mentale-conscience replace l'attention sur la respiration. La course de Pensouillard ralentit. L'activité mentale-conscience prend de plus en plus de place. La sensation du souffle qui frôle vos narines occupe maintenant l'intérieur de votre esprit. Vous vous rendez alors compte qu'une œuvre musicale joue dans la pièce. Une cantate de Bach... Vous ne l'entendiez plus, le tapage de Pensouillard l'avait remplacée. La musique reprend doucement sa place et glisse maintenant sur vos neurones. Vous portez à vos lèvres la tasse de thé vert que vous aviez préparée. Vous fermez les yeux pour savourer pleinement le goût de cette boisson que vous adorez. Un bien-être vous envahit. La décroissance personnelle est terminée.

Exemple n° 4 – L'auteur de ce livre

Il m'a fallu plusieurs années d'entraînement pour produire cette étincelle de conscience qui conduit à la décroissance personnelle. Ce n'est jamais vraiment acquis car le petit moi revient constamment à la charge ; il s'agrippe, plante ses crocs, tire la conscience vers l'arrière. Mais, une fois le processus de pleine conscience amorcé, votre hamster ne se retrouve plus seul aux commandes : dès que Pensouillard envahit votre esprit, la cavalerie de la conscience accourt.

Toujours le ralenti...

SÉQUENCE I

Je viens tout juste de me réveiller. Je ne me sens pas bien. Une sorte d'angoisse m'étreint. Je n'ai encore rien fait. Je suis toujours au lit, mais la lourdeur est bien là, dans ma poitrine. Pensouillard a couru une partie de la nuit. Ce n'est que lorsque je décide – ou, plutôt, que l'activité mentale-conscience décide – de faire mes exercices matinaux que je constate que l'inconfort résulte des pensouillures.

SÉQUENCE II

J'amorce l'entraînement. La sensation désagréable – cette lourdeur à la poitrine – est toujours là. Je n'ai vraiment aucune envie de faire les exercices. Comme disent les enfants : « Ça ne me tente pas ! » Mais la discipline est au rendez-vous, alors, allons-y !

Je m'allonge sur le dos. Je place ma tête dans une position bien droite. Mes bras sont étendus de chaque côté du corps. Mes paumes sont dirigées vers le plafond. Dans certaines formes de yoga, cette position s'appelle la « position du cadavre ». Je place mon attention sur ma respiration. Tout à coup, je réalise clairement à quel point Pensouillard est actif :

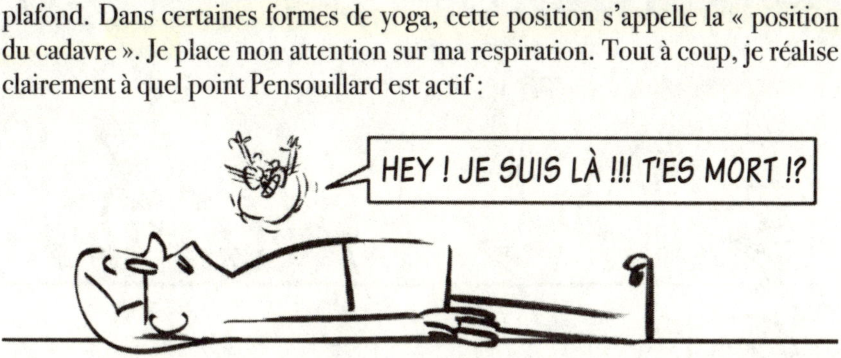

« Ah, je n'ai pas le goût de me lever ce matin ! Il fait froid dehors, j'en suis sûr. Il a neigé toute la nuit, ça va être l'enfer sur les routes. Et cette conférence à donner, ça me pèse. Je vais me planter. Un auditoire essentiellement masculin, le plus difficile qui soit. »

Je ramène alors mon attention sur le souffle. Sur les sensations corporelles aussi. Le contact de mon corps avec le matelas, de ma tête avec l'oreiller. Peu à peu l'activité mentale-ego diminue, comme si elle relâchait son emprise sur mon système nerveux, pour faire place uniquement aux sensations qu'éprouve mon corps. L'angoisse se dissout tout doucement. Une paix m'envahit. Ce n'est alors plus le pauvre petit moi qui régule mon état.

SÉQUENCE III

L'esprit est focalisé sur les sensations : le souffle, la douceur des draps, le silence dans la pièce. Et les pensées dépourvues d'ego prennent leur envol : l'organisation de la conférence, le plan pour y aller, le déroulé de mon intervention... C'est comme une douce répétition. La structure de ma présentation est là, tout entière, et semble se tenir ; j'y ai même glissé quelques blagues. La décroissance personnelle est terminée. Allez, hop ! Debout Serge ! Aux exercices physiques maintenant : étirements, redressements assis, bicyclette stationnaire (qui ne va nulle part, comme le hamster dans sa roulette !). Tout ça se fait dans une grande paix. Le petit moi fatigant s'est tu. Ne restent que les sensations et quelques pensées libérées de l'emprise du moi !

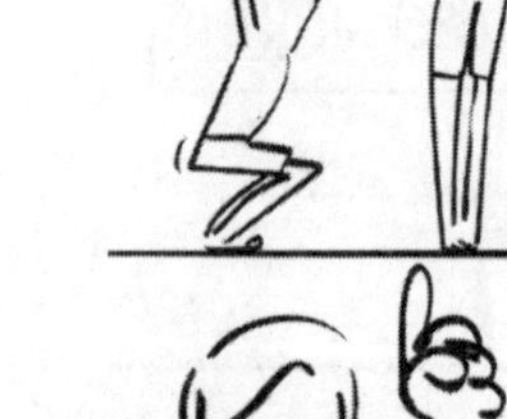

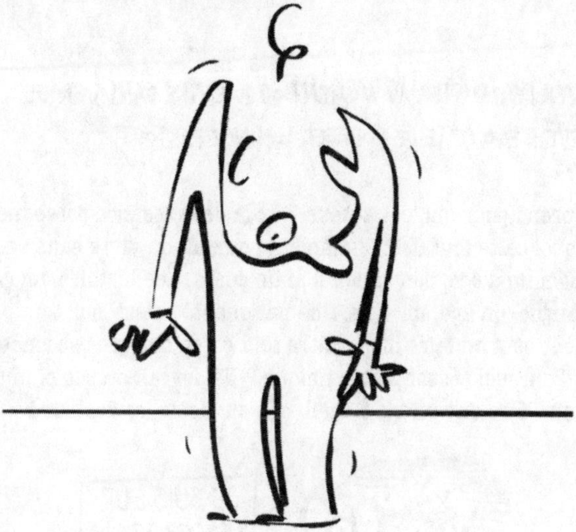

Chapitre III

La décroissance personnelle : marche à suivre

« En prenant conscience de vos pensées, vous serez surpris
de voir ce qui se passe à l'intérieur de vous-même.
Si vous écrivez tout ce qui vous passe par la tête,
vous allez être très surpris ! Vous n'y croirez pas. »
Osho

Étape n° 1

OBSERVER LE HAMSTER AU MOMENT OÙ IL ENTRE DANS SA ROUE POUR QUE L'EGO CESSE DE FOURRER SON NEZ PARTOUT

« Il se prend pour qui, cet auteur ? Et la décroissance personnelle, c'est quoi cette foutaise ? Comment pourrait-on vivre sans ego ? Il en faut bien un d'ego, bon sang ! J'ai un corps, une histoire, une culture, une langue, un âge, un sexe, une nationalité ; c'est moi, tout ça ! Comment peut-on faire disparaître tout ça en quelques secondes ? Et pourquoi ? Pourquoi cesser d'être unique ? Ne devrait-on pas plutôt tout faire pour l'être davantage ? Qu'il aille au diable, ce docteur ! »

Observez dans la bienveillance les pensouillures générées par la peur de ne plus exister.

« Oh, mais c'est que c'est tout plein de jugements dans ce crâne ! Pour aller où ? »

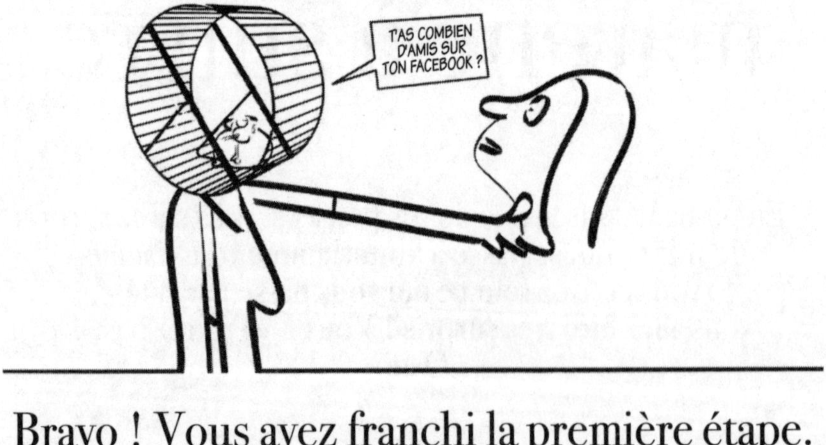

Bravo ! Vous avez franchi la première étape.

Étape n° 2

OBSERVER LE HAMSTER QUAND IL AMORCE SA COURSE AFIN D'ÉVITER QU'IL ACCÉLÈRE

Pour trouver la paix de l'esprit, il est d'abord nécessaire de reconnaître le bruit infernal que l'invisible rongeur produit dans vos circuits.

« Oui, c'est vrai, il y a ce tapage, là, dans ma tête !
C'est cette bête qui n'arrête à peu près jamais...»

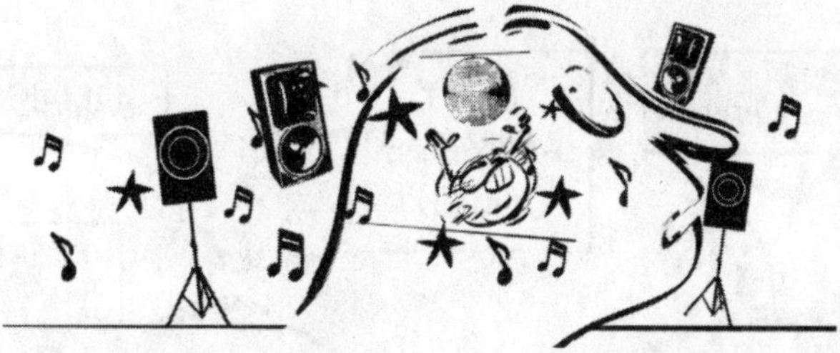

Ne pas laisser le mouvement de la roue reprendre le dessus sur la conscience. Une seule rotation suffit pour que Pensouillard saute sur les commandes.

Au boulot, devant la machine à café,
votre regard croise celui d'un collègue...

« Il m'emmerde celui-là, avec ses airs de Monsieur-je-sais-tout ! »

À l'anniversaire de votre meilleure amie ...

« Elle est si belle dans sa petite robe noire ! De quoi j'ai l'air, moi,
avec mes vieux chiffons ? »

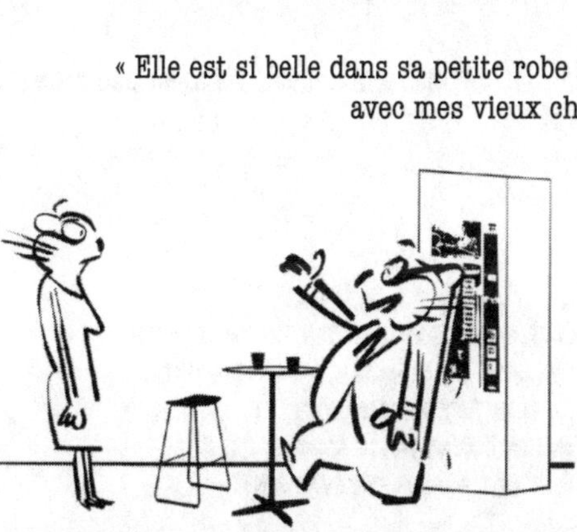

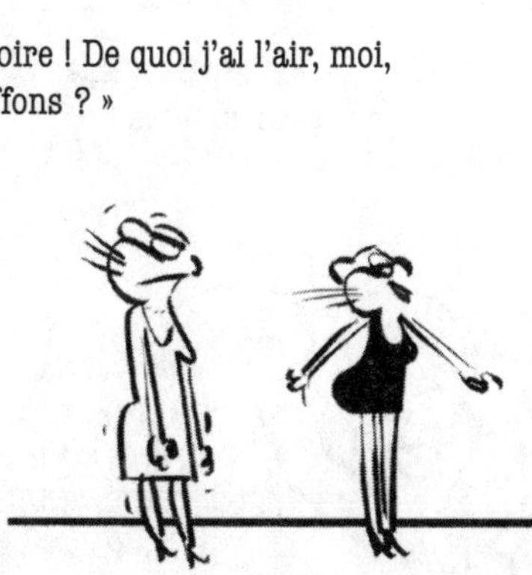

Étape n° 3

APPRENDRE À RESPIRER PAR LE NEZ

Cette étape est cruciale. Il s'agit de sentir l'air – le sentir, vraiment – qui traverse vos narines et gonfle votre abdomen, n'éprouver que cette sensation dans sa conscience et rien d'autre. Demeurez vigilant, à chaque instant, et avec le sourire.

« Tiens, c'est reparti ! Encore des pensouillures ! »

« Voilà qu'il court... Ce n'est pas grave... Reviens ici... »

QUAND VOUS ARRIVEZ À GARDER TOUTE VOTRE ATTENTION SUR LE SOUFFLE ET À OBSERVER LE PENSOUILLAGE, C'EST COMME SI, DANS VOTRE TÊTE, L'ACTIVITÉ MENTALE-EGO VENAIT D'ÊTRE DÉBRANCHÉE, ET QU'À LA PLACE L'ACTIVITÉ MENTALE-CONSCIENCE AVAIT PRIS LE RELAIS.
LES PENSOUILLURES PERDENT LEUR POUVOIR ET S'ÉVAPORENT.

D'heureux résultats

Vous êtes au supermarché et faites la queue pour payer…

ACTIVITÉ MENTALE-EGO

« Pourquoi est-ce toujours à moi que ces choses arrivent ? Hein ?
On dirait que la vie m'en veut ! Caissière, tu parles d'une vie, toi ! Faut dire qu'avec le QI qu'elle a… Et l'autre avec ses tickets, à l'heure de pointe en plus !
Il ne faut rien avoir à faire dans la vie pour emmerder le monde comme ça ! »

C'est à ce moment précis que doit survenir le petit déclic de conscience salvateur et que vous devez vous mettre à respirer par le nez, à jouer avec votre attention :

ACTIVITÉ MENTALE-CONSCIENCE

« Ah ! Pensouillard fait des triples sauts dans sa roue. Allez, respire… »

Placez votre attention sur les manifestations de la vie qui en valent la peine : la lumière érotique d'une fin d'aprèsmidi ; la danse enivrante de la pluie sur les toits ; la poudre d'or sur la peau des arbres à l'aube et mille autres beautés qu'offre le monde non pollué par l'ego.

Libéré de son emprise, vous n'aurez plus ce besoin maladif que l'on vous remarque, que l'on vous reconnaisse, que l'on dise que vous êtes belle, beau, brillant(e) ou intelligent(e). Vous ne vous battrez plus pour imposer à tout prix votre point de vue. Peu vous importera que votre équipe favorite ait gagné ou perdu, que votre parti politique ait été élu ou non. Vous ne chercherez plus le bonheur dans une promotion, une nomination ou une augmentation de salaire. Vous saurez que, quoi qu'il arrive, rien de cela ne dure. Même l'idée de votre propre mort ne vous rendra plus malade, puisque Pensouillard ne sera plus là pour en faire une obsession.

Alors, les pensées qui naîtront dans votre esprit ne serviront qu'à vous faciliter la vie. Elles vous guideront vers les vraies solutions aux vrais problèmes ! Au lieu d'avoir le mental rongé par l'ego, votre esprit sera créatif. Vous entendrez :

ACTIVITÉ MENTALE-EGO

Et vous passerez à :

ACTIVITÉ MENTALE-CONSCIENCE

N'oubliez pas, Pensouillard n'a qu'un but : gagner la course !

Une discussion sur la politique illustre cela…
Imaginez deux amis aux convictions différentes.
Ça commence ainsi, doucement :

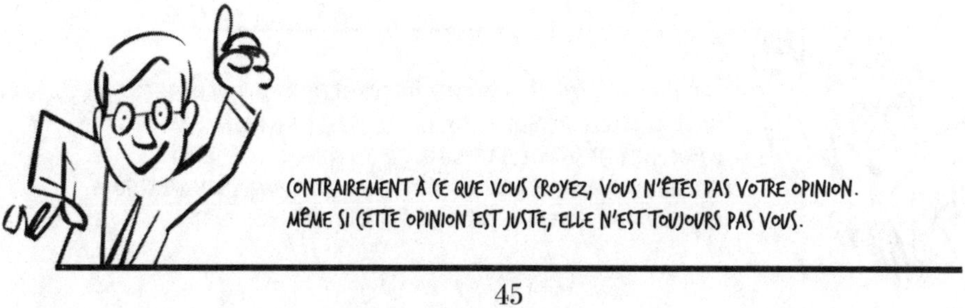

Prenez 5 minutes. Placez votre montre devant vous et répétez-vous la question suivante : « Suis-je mon opinion ? » Répondez franchement à chaque fois. « Suis-je mon opinion ?... » Si vous répondez oui, ne serait-ce qu'une fois, vous avez un besoin d'aide urgent, car vous êtes très malade. En effet, votre vie dépend totalement de la course d'un tout petit hamster dans votre tête, et il n'est pas facile de trouver un vétérinaire pour soigner ce genre de rongeur, je vous assure. Mais que faire quand votre cher Pensouillard est confronté au hamster de l'autre et qu'ils se jettent tous les deux des pensouillures à la tête, sans réfléchir un seul instant à ce qu'ils font ?

Réponse : devenir intelligent !

Certains hamsters exaspérés vont aller frapper sur le crâne d'un autre à coups de poing pour y stopper la roue. Comme par hasard, il s'agit souvent de la tête de sa conjointe ou de son enfant, ou d'une personne aux opinions divergentes. À plus grande échelle, ces hamsters agresseurs larguent des bombes sur des milliers de hamsters qui ne prient pas le même Dieu ou ne parlent pas la même langue qu'eux.

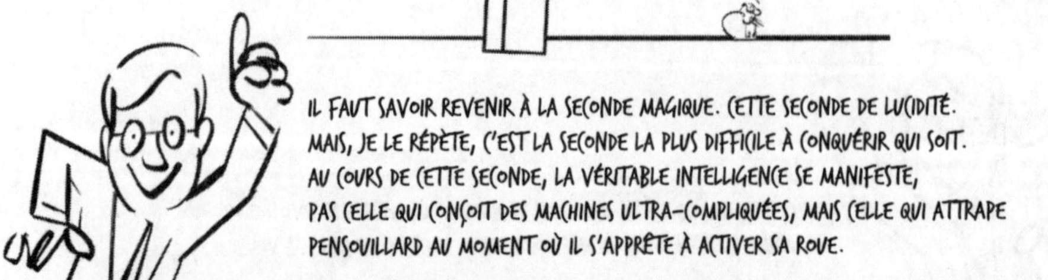

L'intelligence, la vraie, se traduit ainsi :

« Oups ! Pensouillard vient d'embarquer dans son manège ! »

Elle observe l'activité mentale-ego :

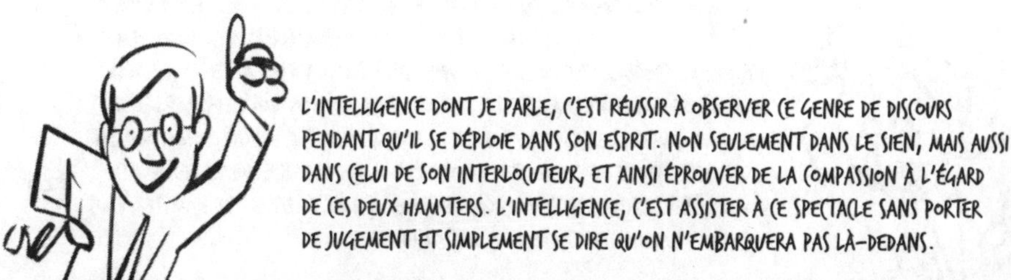

Alors, la prochaine fois que vous aurez une discussion qui s'engage sur une pente dangereuse, j'espère que vous vous aurez ce réflexe :

« Hop, hop, hop !!! On est en pleine course de hamsters !
On ne va nulle part ! Qu'est-ce qu'on essaie de gagner ?
Et lui, là, c'est un ami après tout ! Non... un ami avant tout. »

QUAND IL DEVIENT DIFFICILE DE SORTIR DU CERCLE VICIEUX, QUE VOUS VOUS RENDEZ COMPTE QUE VOUS TOURNEZ EN ROND, NOTEZ SUR UNE FEUILLE TOUT CE QUI VOUS PASSE PAR LA TÊTE, SANS AUCUNE RETENUE. ABSOLUMENT TOUT. PUIS, ALLEZ MARCHER, CUISINEZ OU CROQUEZ UNE POMME, EN DIRIGEANT TOUTE VOTRE ATTENTION SUR LE MOINDRE DE VOS MOUVEMENTS : LA SENSATION DU SOL SOUS VOS PIEDS, LES LÉGUMES QUE VOUS COUPEZ, LE GESTE DE PORTER LA POMME À VOTRE BOUCHE, SON CROQUANT... APRÈS CETTE PAUSE DE 5 MINUTES, REVENEZ À LA FEUILLE QUE VOUS AVEZ NOIRCIE. SI VOUS ÊTES SAIN D'ESPRIT, VOUS CONSTATEREZ À QUEL POINT VOTRE HAMSTER VOUS A CONDUIT SUR UN TERRITOIRE OÙ IL EST ABSURDE D'ALLER.

Chapitre iv

Apprendre à ne pas s'identifier

« Ai-je un problème en ce moment ? »
Eckhart Tolle

Usine à identités

Si Pensouillard fait autant de bruit dans votre tête, c'est à cause du processus d'identification. Il n'y aurait pas de petit moi s'il n'y avait pas de *processus d'identification*.

Pensouillard n'est pas arrivé dans votre tête en tombant du ciel ! À vrai dire, il est venu au monde à cause… d'un trou ! Après avoir bondi hors de l'eau, un poisson volant est tombé par terre. Affolé, il s'est vite trouvé une flaque d'eau et en a fait son territoire. Peu à peu, à force de se frotter le ventre sur les cailloux, il s'est fait pousser des pattes. Pendant ce temps, dans sa cervelle, un hamster faisait ses premiers pas, car sans s'en rendre compte, le poisson s'identifiait peu à peu au trou qui lui permettait de se distinguer des autres et de leurs trous respectifs.

Grâce à un curieux *processus d'identification*, Pensouillard est devenu ce qu'il possédait. Au début, c'était sa modeste flaque d'eau ; aujourd'hui, c'est sa maison, sa ville, son jardin, son chat, sa nation, sa religion, ses connaissances, ses idées, ses opinions, son discours, ses jugements, ses lunettes, sa cravate. Difficile pour lui de se sentir vivant s'il n'a pas de possessions auxquelles se raccrocher.

Apparence et image...

Or, la plus belle image de lui-même ne permettra jamais à Pensouillard de quitter sa roue. Même s'il possède trois maisons, quatre voitures et un bateau, le hamster est toujours dans le trou. Jamais les millions ou les derniers gadgets high-tech ne le feront sortir de sa roue. Aucune possession n'est en mesure d'arrêter sa course. Au contraire, plus il possède, plus il a peur de perdre. Et s'il arrive à votre esprit d'être envahi par la peur d'avoir perdu quelque chose, c'est que Pensouillard est en train de s'agiter.

« Mon stylo Montblanc ! On a dû me le voler ! C'est tout ce qui me restait de mon père. Je viens de perdre une partie de ce que je suis ! »

Comment réagiriez-vous si vous demandiez à quelqu'un :

« Qui êtes-vous ? »

et que votre interlocuteur vous répondait :

« Je suis mes chaussures Nike, je suis ma montre Apple, je suis mon tailleur Chanel, je suis mes lunettes Oakley, je suis mon Audi TT, je suis mon chalet à Courchevel... »

ou encore :

« Je suis mon deux-pièces mal chauffé, je suis mes godasses trouées, je suis mes toilettes qui fuient, je suis ma voiture en panne, je suis ma bécane rouillée... » ?

Vous trouveriez ces réponses ridicules, n'est-ce pas ? Eh bien, c'est pareil avec le stylo Montblanc. Si des âneries de ce genre vous font souffrir, c'est que rien n'a changé depuis l'époque où le poisson devenu reptile a confondu le trou d'eau où il habitait avec ce qu'il était.

Si votre hamster s'agite, c'est qu'il se sent menacé

Or, tout tient dans une équation imparable :
Pas de menace = pas de tension psychique = pas de stress !

La menace peut prendre toutes sortes de formes, surgir n'importe quand…

AU RESTAURANT…

« Pourquoi est-ce encore moi qui paie ? Au restaurant, au cinéma, au théâtre... partout ! Pourquoi n'est-ce jamais elle ? Elle a un boulot, elle aussi ! Je ne suis bon qu'à ouvrir mon portefeuille. »

Avec de l'entraînement, la conscience devient capable de capter les réactions du gros ego aussitôt qu'elles se manifestent. À l'instant où l'addition arrive sur la table, votre attention doit observer la roulette qui démarre et s'emballe…

ACTIVITÉ MENTALE-EGO

« Madame a commandé du foie gras ! Et du saumon fumé !
Comme si tout lui était dû… Et je n'ai jamais droit à un merci !
Une chaussure recevrait plus de considération, c'est sûr ! »

À ce stade-ci, l'attention doit reprendre le dessus :

« Bon, ça y est, j'ai le hamster qui disjoncte ! Il se sent menacé, le pauvre petit… »

Oui, la conscience bien entraînée peut observer le mammifère délirant, sourire devant son manège et mener à une réaction saine du genre :

« Chérie, j'aimerais te parler de quelque chose, un truc qui me traverse l'esprit… J'apprécierais qu'on partage l'addition. »

ACTIVITÉ MENTALE-CONSCIENCE

Le petit moi qui se sentait humilié, méprisé, rejeté entreprend désormais un dialogue sur le partage. Dans toutes ces situations, seul l'ego (le rongeur) se sent menacé, non qui vous êtes vraiment. Celui-ci n'est jamais menacé.

Jamais !

Qu'êtes-vous alors ?

Au surplus, cette identification au trou ne rend pas plus heureux. Au contraire. Plus le trou (ce que je possède) grandit, plus l'ego grossit à son tour. Plus on associe ce que l'on est à ce que l'on a, plus s'intensifie la crainte de perdre ce que l'on a. De nos jours, le trou est devenu sans fond. Voilà pourquoi Pensouillard court à s'en rendre malade. Il y ajoute, jour après jour, de quoi se rendre indestructible : des connaissances, des objets, des personnes, du Botox, des prothèses, des cheveux... Il multiplie les efforts pour devenir tellement jeune et tellement gros que même s'il venait à disparaître, il resterait toujours un petit quelque chose de lui-même, quoi qu'il arrive.

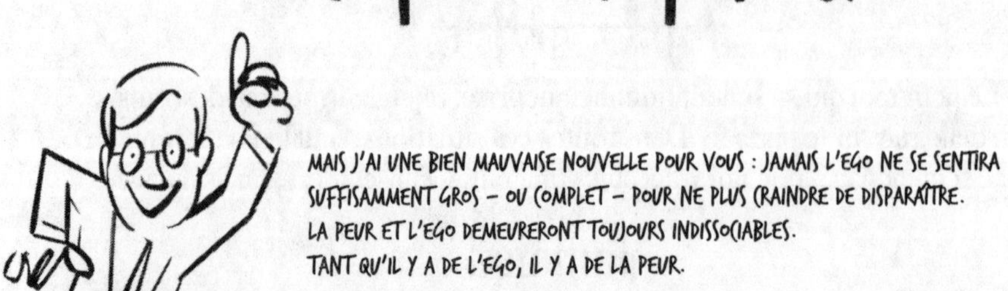

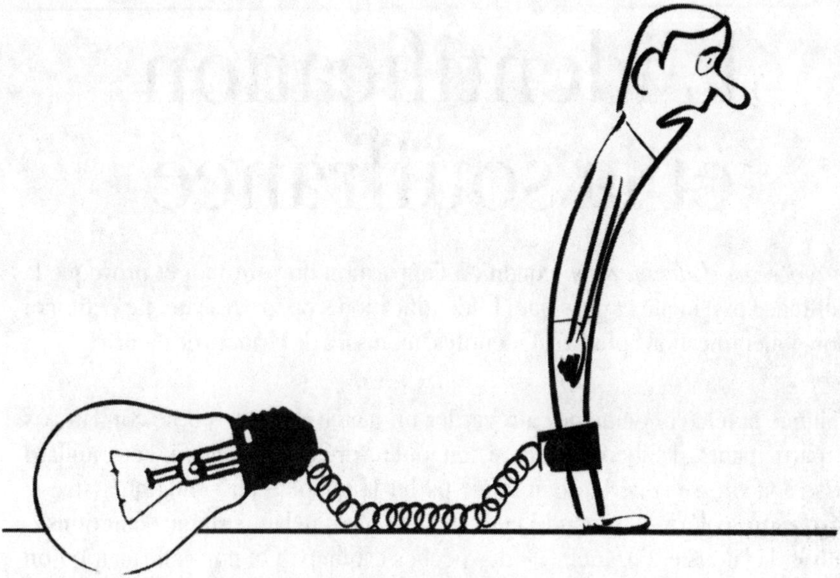

Chapitre v

Les péchés capitaux (au ralenti)

« Le meilleur moyen de ne pas avancer
est de suivre une idée fixe. »
Jacques Prévert

L'identification et la souffrance

Le *processus d'identification* conduit à l'apparition du petit moi et provoque la souffrance psychique et physique. L'identification s'opère très vite. Le petit moi adore l'identification ; plus il a d'identités, moins il a de chances de mourir.

Il allume la télé et commence à regarder un match ? Même s'il ne connaît pas les participants, il s'identifie ! Et si son joueur préféré est vaincu, Pensouillard passe à la vitesse supérieure et laisse parler la tempête physiologique (stress, frustration, colère...). Quand j'étais enfant, on appelait certaines émotions – l'envie, la jalousie, l'orgueil... – des péchés capitaux. On nous affirmait qu'on irait en enfer si on mourait après avoir commis l'un d'entre eux ! Il aurait été beaucoup plus judicieux de nous expliquer que l'enfer, c'était vivre l'envie, la jalousie ou l'orgueil, puis de nous montrer comment sortir de cet enfer.

Exemple n° 1 – Votre voisin

SÉQUENCE 1

Votre voisin a acheté une nouvelle voiture...

ACTIVITÉ MENTALE-EGO

« Tu parles, ces bagnoles, de nos jours, n'ont plus le prestige d'antan.
Elles sont fabriquées en Inde. De la main d'œuvre bon marché !
De purs produits de l'esclavage moderne ! Moi, je ne ferais jamais ça,
acheter une voiture sans tenir compte de ceux qu'on exploite !...
La prochaine bagnole que je vais m'acheter sera construite dans un pays
où les droits de la personne sont respectés. Et elle ne polluera pas, elle ! »

SÉQUENCE II

ACTIVITÉ MENTALE–CONSCIENCE

« Ça y est, voilà que je me prends pour ma bagnole... Pensouillard me prend la tête avec la caisse du voisin. C'est n'importe quoi... Et la souffrance s'est installée ! »

SÉQUENCE III

Vous vous asseyez quelque part et vous observez ce qui se passe en vous. Dans votre esprit et votre corps. Votre attention va vers les sensations physiques. Elle regarde passer les pensouillures. Vous prenez note du ridicule de la chose : vous n'êtes surtout pas votre auto ! Un sourire apparaît sur vos lèvres. La décroissance personnelle est complète, l'envie s'est évaporée, la frustration avec.

Exemple n° 2 – Dans une librairie

SÉQUENCE I

Je suis dans une librairie et je feuillette
un livre de Christian Bobin…

« L'humilité, c'est la clé d'or. Dès qu'on prétend la tenir dans sa main, elle s'évanouit. »

« Pourquoi ne suis-je pas capable d'écrire comme ça, moi ?
Pourquoi y a-t-il des gens qui naissent avec un talent,
et d'autres qui doivent trimer dur sans jamais arriver à créer
quoi que ce soit de remarquable ? Pourquoi lui ? Pourquoi pas moi ? »

ACTIVITÉ MENTALE–EGO

SÉQUENCE II

Déclic.

« Je me sens mal. Je n'étais pas comme ça, il y a 15 secondes. Que s'est-il passé ?
Tiens, tiens, tiens, le petit moi souffre ! Il se lamente et bloque ma capacité
d'émerveillement. Il n'y a plus de place pour la découverte ni pour goûter la beauté
de la créativité humaine. Allez, un petit coup de décroissance personnelle. »

ACTIVITÉ MENTALE–CONSCIENCE

Debout, au milieu des rayonnages, je ferme les yeux.
Je place toute mon attention sur la phrase de Bobin, que je relis plusieurs fois pour m'en imprégner. Je savoure sa musicalité, sa profondeur.
Elle occupe maintenant toute ma tête. Le passage de l'activité mentale égoïque à l'activité mentale-conscience s'effectue en douceur. L'envie disparaît.
La décroissance personnelle est terminée. Ne reste plus que cette phrase qui chante et délivre son enseignement.

Exemple n° 3 – Le médecin

À la question « Êtes-vous médecin ? », je réponds :

« Le cerveau que vous avez devant vous a étudié la médecine. Il a enregistré des connaissances issues des recherches effectuées par d'autres cerveaux. »

Imaginez la tête de mon interlocuteur… surtout si je poursuis :

« Puis, ce cerveau qui répond à votre question a utilisé ces connaissances et acquis de l'expérience. Il a développé la volonté de prévenir des maladies dont les humains souffrent inutilement. »

Le petit moi aime bien dire : « Je suis médecin. » Or, ce cerveau sait maintenant que l'orgueil n'est que source de souffrance parce que le petit moi ne recevra jamais assez de reconnaissance pour être repu. L'important est que l'activité mentale qui exerce la médecine soit libre des entraves du petit moi, qu'elle soit totalement disponible pour écouter, comprendre et offrir des soins appropriés. C'est dans la décroissance personnelle que s'exprime la compétence.

S'entraîner, inlassablement

Exercice n° 1

Voici une suite d'énoncés. Cochez ceux qui semblent correspondre le mieux à ce que vous croyez être.

... Le moi héros ... Le moi français ... Le moi guérisseur ... Le moi guerrier ... Le moi sauveur ... Le moi saint ... Le moi photographe ... Le moi artiste ... Le moi poète ... Le moi cuisinier ... Le moi plombier ... Le moi beau ... Le moi maladie ... Le moi en métro ... Le moi châtain ... Le moi écolo ... Le moi gestionnaire ... Le moi intelligent ...

Et hein,
vous n'êtes rien de tout ça!

ALORS, QU'ÊTES-VOUS ? PRENEZ BIEN NOTE QUE JE N'AI PAS ÉCRIT « QUI ÊTES-VOUS ? », MAIS BIEN « QU'ÊTES-VOUS ? » PRENEZ LE TEMPS, POUR LE MOMENT, DE RÉFLÉCHIR À LA DIFFÉRENCE ENTRE LE QUI ET LE QUE.

Exercice n° 2

Maintenant, essayez, pendant 5 minutes, de ne pas utiliser le je ou le moi, comme dans le jeu qui consiste à ne dire ni oui ni non le plus longtemps possible. Faites-le d'abord au fil d'une conversation. Les personnes qui vous entourent ne sont pas obligées de savoir que vous êtes en train de jouer. Essayez de leur parler sans utiliser les mots moi, mien, mon ou ma... Trouvez d'autres tournures. Vous verrez que ce n'est pas facile.
Puis, reprenez l'exercice quand vous serez seul, soyez à l'affût du nombre de je ou de moi qui circulent dans votre tête. Pendant 5 minutes, comptez-les ! Vous verrez qu'en essayant de les compter, vous les faites diminuer. C'est un autre petit truc pour enclencher la décroissance personnelle.

Exercice n° 3

Débat d'idées... Plutôt que de vous acharner à détruire les arguments de l'autre, traquez le petit moi dans votre discours : « Tiens, c'est le petit moi qui cherche à se défendre, le petit moi qui veut gagner à tout prix. Et s'il gagne, ça changera quoi à l'évolution de la vie sur cette planète ? »
Constatez que c'est l'activité mentale-ego chez vous qui méprise l'activité mentale-ego de l'autre, comme dans un combat à mort. Dans un monde idéal, si l'activité mentale-conscience menait l'échange, il n'y aurait pas de conflit, mais juste un dialogue tourné vers la manière la plus appropriée d'agir. Car c'est un fait, deux pensées sans ego s'enrichissent mutuellement.

Chapitre vi

Arrêter de se faire du cinéma

« Aussi, dès qu'une pensée apparaît, reconnaissez sa nature de vacuité. Elle perdra aussitôt le pouvoir de susciter la pensée suivante, et la chaîne de l'illusion prendra fin. »
Khyentsé Rinpoché

Panne d'amour…

Vous avez fait l'amour, il y a de cela quelques heures à peine.
Vous repensez à ce moment, assis(e) sur un banc…

Soudainement, les images changent…

Vous êtes toujours assis(e) sur le banc...

Devant vous, des enfants jouent. Ils se lancent des feuilles d'automne auxquelles se mêlent leurs rires d'oiseau. Toute votre chair sanglote.

Que s'est-il passé ? L'amour égoïque a trafiqué le film ! Votre beau film, le vrai, celui de l'amour vécu, s'est fait virer de votre écran par la place que votre petit moi réclame ! L'amour, sans petit moi, ne peut vivre que dans le présent. Ailleurs, il étouffe. Et ce qui tourne alors dans la tête n'a rien à voir avec l'amour. Ce sont des rêveries, des fantasmes, des cabrioles égoïques ! L'amour ne vit pas hier, pas plus que demain, et fait passer la formule éculée « Plus qu'hier, moins que demain » pour une grossière ineptie. L'amour EST. Point à la ligne ! Ici. Maintenant. Libéré de Pensouillard ! Amour rime avec moment présent. Alors, comment faire pour s'y adonner pleinement ?

En interrompant la course de son esprit.

Pensouillard, pour ne pas mourir, rejette sur-le-champ toute idée qui le freinerait et lui donnerait l'impression d'être mort. Ou rejeté. Ou exclu. Il mesure sa valeur à la vigueur de sa course et évalue chaque instant ce qui pourrait lui faire perdre des points. C'est pourquoi il compare, mesure, juge. S'il se sent négligé, c'est qu'il n'est plus aussi important qu'il l'espérait. Il n'est plus « quelqu'un ». Et c'est alors tout le corps qui s'en ressent ! Et la souffrance se dilate...

Exercice

Vous le savez maintenant, la solution pour éviter ce malaise est simple : il faut apprendre à observer et comprendre qu'images et sensations sont intimement liées. En effet, au moment où les images changent dans l'esprit, les modifications suivent dans le corps (sensations). Découvrez votre capacité à maîtriser ce processus. Entrez dans le cinéma de votre esprit...

Maintenant, projetez-vous une scène érotique...

Changez de scène...
Vous revivez la seconde où la voix s'est écriée :

« Je ne peux pas ! Je ne peux pas m'engager. Faire l'amour toute ma vie avec la même personne, ce n'est pas pour moi. Allez, adieu. »

Observez le malaise qui tend et tord vos fibres. Là aussi, c'est instantané. Prenez conscience des changements biochimiques, hormonaux, physiologiques. Il a suffi de quelques images, rien de plus. OBSERVEZ !

Sortez maintenant du cinéma. Vous êtes toujours dans cet espace calme que vous avez choisi au départ. Humez les parfums environnants à pleines narines. Sentez le contact de vos pieds avec le sol. Écoutez le chant des oiseaux ! Regardez les enfants qui jouent. Placez toute votre attention dans leurs gestes, leurs rires, leur innocence. TOUTE VOTRE ATTENTION ! Ne vous laissez pas déconcentrer. Sentez la vie qui circule en vous. Ce n'est pas une blague : sentez-la ! À ce moment-là, vous entrez dans le royaume de la vie sans ego. Bravo !

Toutefois, restez vigilant, car la petite bête peut resurgir à tout moment. Ramenez alors votre attention sur les enfants qui jouent, les parfums environnants, les caresses de l'air ambiant. Connexion. Déconnexion. Connexion. Déconnexion. Le silence s'installera alors dans votre tête, un silence qui vous rendra heureux plutôt que « spécial ». En fait, plus rien en vous ne vous conférera de statut particulier.

Personne ne se retournera sur votre passage pour dire : « Tiens, un être éveillé ! Quelqu'un de libre. Un humain que la souffrance a abandonné. » Vous aurez l'air ordinaire, même très ordinaire. Nulle part on ne vous remarquera pour votre seule présence (comme quand vous entrez dans une pièce, par exemple), mais vous verrez comme vous vous sentirez profondément bien, tellement léger.

Une telle qualité de présence pourrait cependant, dans certaines circonstances, vous valoir des critiques. N'en soyez pas surpris. Le Pensouillard des autres s'attaque au silence qui habite votre esprit, à cette sérénité en vous qui les humilie, les met mal à l'aise. Vous, vous êtes à l'abri. Vous n'avez plus d'ego à offrir en pâture, de moi qui va réagir, s'offusquer, attaquer, contre-attaquer, bref, s'emballer. Qu'avez-vous ? La liberté. Un espace inviolable. Les films qui défilent en vous ne sont que des réinterprétations de certains événements passés ; en aucun cas ils ne sont la réalité. La réalité, vous l'avez déjà vécue. Maintenant, ce ne sont que des clips projetés sur votre toile mentale. Rien de réel ! Alors, la paix s'installe... et tout votre corps sourit. C'est la décroissance personnelle.

CELA VOUS SEMBLE TROP SIMPLE ? VOIRE RIDICULE ? ESSAYEZ, VOUS VERREZ. CONSACREZ-Y TOUTE VOTRE ATTENTION. TOUTE ! JUSQU'À CE QU'IL N'Y AIT PLUS RIEN DANS VOTRE TÊTE. SI VOUS ARRIVEZ À LA MÊME CONCLUSION APRÈS AVOIR TENTÉ L'EXPÉRIENCE, C'EST QUE PENSOUILLARD COURT ENCORE DANS VOTRE CERVELLE, TOUJOURS POURSUIVI PAR LA PEUR.

Apprendre à se détacher du passé

Parfois, quand j'écoute une personne me raconter sa détresse, j'ai envie de sourire. Je dois même faire attention, car je ne veux pas qu'elle prenne ça pour une absence de compassion. Si je souris, c'est que je vois les films d'horreur qu'elle se passe. Et je compatis. Elle est comme au cinéma, elle s'identifie aux personnages et ne s'en rend pas compte.

Il y a tellement de films d'horreur dans notre esprit que nous ne savons plus lequel regarder. Pourquoi y en a-t-il autant ? Parce que nous carburons à la mémoire. Nous passons une grande partie de notre existence à vivre dans ce qui n'existe plus ! Nous nous repassons des vieilles histoires en espérant que, à force de les revoir, elles s'effaceront. Notre cerveau imagine qu'à force de ressasser les mêmes séquences, la fin changera ! Mais bon sang, comment cela serait-il possible ?

« Mais pourquoi m'a-t-il dit ça ? Pourquoi n'est-ce pas moi qui ai eu cette promotion ? Et elle, pourquoi me regarde-t-elle ? Je suis sûr qu'ils ont fait exprès... Si j'avais su... Si je ne m'étais pas marié à l'autre, là, je ne serais pas obligé de travailler comme un forcené pour nourrir des fainéants qui se traînent les pieds avec le fond de culotte aux genoux ou la bedaine à l'air... J'aurais pu voyager, gagner des médailles olympiques, devenir vedette de cinéma, séduire tout ce qui passe... Profiter de la vie, quoi ! »

Pensouillard est un projectionniste hors pair ; il nous fait vivre une projection privée en continu, vingt-quatre heures sur vingt-quatre. Ce petit hamster joue avec les pellicules (nos souvenirs) en testant différents montages : il réécrit des scènes, embellit par-ci, enlaidit par-là, dans le seul but de se donner le plus d'importance possible, de se hisser sur la première marche du podium.

Quoi qu'il en soit, Pensouillard peut bien réécrire le passé cent fois dans votre tête, jamais il ne sera satisfait. S'il tourne jour après jour, c'est en aspirant à devenir autre chose. Il essaie désespérément de refaire une beauté à sa mémoire. C'est une sorte d'autochirurgie plastique de l'ego ! Le problème, c'est que cette course folle ne mène à rien, puisqu'elle repose sur hier pour fabriquer le look de demain. Ce que vous êtes aujourd'hui – ou serez demain – est le fruit exclusif de la présence que vous consacrez à chaque instant que vous vivez. Entre vous et moi, le passé n'a pas d'avenir. Tout le temps que vous y consacrez est du temps perdu. Votre Pensouillard peut revisiter le passé autant qu'il veut, il ne pourra rien y changer.

« Ah ! l'imbécile de prof qui m'a tapé la tête avec un dictionnaire ! Je serais sûrement meilleur en orthographe si j'avais eu un autre prof. »

Voyez-vous le hamster qui s'acharne à transformer ce qui n'existe plus ? Vous rendez-vous compte à quel point c'est absurde ? Ce que vous appelez parfois ce « passé de merde » n'existe que dans la roue de votre Pensouillard chéri. Un jour, il y a longtemps, vous avez filmé une scène de votre vie que vous vous repassez sans cesse, comme si, à force, elle allait se transformer. Malheureusement, plus vous rejouerez ces scènes, plus vous permettrez au processus d'identification de se consolider et de créer de fausses identités. Vous deviendrez ce que vous n'êtes pas : quelque chose de « fini » qui n'existe qu'à l'état d'enregistrement dans vos archives neuronales.

Ce n'est pas vous le problème, c'est la course du hamster ! Être conscient, c'est être capable de faire la distinction entre un film et la vie. C'est comprendre que vouloir refaire le passé pour favoriser la croissance personnelle est une erreur monumentale. Pourquoi ? Parce qu'en favorisant la croissance personnelle, c'est la croissance de votre hamster que vous encouragez. Pas celle de la vie !

Aujourd'hui, quand on me demande qui je suis, je réponds : « Je suis une forme qu'a empruntée la vie pour une certaine période, c'est tout. » Il n'y a que la décroissance personnelle qui peut vous permettre de devenir ce que vous êtes vraiment, c'est-à-dire une conscience capable d'aimer.

Chapitre vii

Du sexe, du sexe, encore du sexe !

« La plupart des gens gaspillent leur énergie
soit en niant la sexualité, soit en faisant vœu de chasteté,
soit en pensant au sexe en permanence. »
Jiddu Krishnamurti

Le « paradoxe hamstérien »

Si nous parlons autant de sexe, c'est que ça fait taire Pensouillard ! Quand une personne s'envoie en l'air, son esprit peut enfin être en paix pendant une certaine période… Il s'agit même peut-être du seul geste qui l'apaise dans son existence.

Observons deux humains en train de faire l'amour…

Étape n° 1

Toute l'attention est sollicitée par la vie !

« Oui ! Oui ! Oui ! Encore ! C'est bon ! C'est bon ! C'est bon ! »

Des mots surprenants, car ils n'émanent pas de la roue, maintenant au repos. Ces mots sont poussés par l'explosion de vie… ou par le silence peut-être. L'esprit des amants n'est alors habité que par le grain de leur peau et le langage qu'ils partagent. Toute la conscience se consacre à ce que les mains donnent et reçoivent, à ce que la bouche apporte et prend, à ce que les sexes échangent. Le pensouillage semble ne plus exister dans l'encéphale. Une vaste présence à ce qui est. Une observation simple. Une sensation pure. Pensouillard est au repos complet. Hélas ! Soudain, l'expression erronée d'une expression ou d'une absence d'expression suffit pour qu'il remonte dans sa machine. Le doute s'installe… Envolée la présence attentive au souffle de l'autre.

ACTIVITÉ MENTALE-EGO

« Suis-je à la hauteur ?... Vais-je garder mon érection assez longtemps ?... Vais-je réussir à lui apporter du plaisir, à la faire jouir ?... Et si j'éjacule trop tôt ? Je suis incapable de me retenir... Suis-je assez viril ? »

« Suis-je assez belle et féminine ?... Mes seins sont-ils assez gros, assez fermes... ? Mes fesses sont-elles trop molles... ? Mes jambes trop poilues... ? Suis-je assez désirable ?... Vais-je atteindre l'orgasme ? »

Étape n° 2

ACTIVITÉ MENTALE–CONSCIENCE

Revenir sur la présence… Ramener l'attention sur les caresses, le grain de la peau, l'intensification du souffle, les sons, les gémissements, les hurlements, les rugissements de votre partenaire… On peut nommer le doute puisqu'on l'a observé.

« Pensouillard m'a éloigné(e) de toi… Il y a ces mots et ces images qui ont traversé mon esprit… De vieilles peurs… »

On peut même en rire…

« Je suis de retour… »

Quelques années plus tard… Après une galipette de trois minutes en pilotage automatique…

« C'est vraiment elle qui me faisait monter au septième ciel, son corps d'enfer et sa fougue lascive ? C'est la même aujourd'hui qui surcharge le lave-vaisselle et me saoule à vouloir repeindre les plafonds en jaune ? Qu'elle se taise, au moins ! »

Vous notez cette souffrance ? Seulement le petit moi qui blâme celui d'en face de n'être plus à son service, de n'être pas celui qu'il voudrait qu'il soit, et de le priver, par là même, du plaisir de se sentir « spécial ».

Dans le monde de l'ego, le credo est :

« J'existe à partir du moment où le regard de l'autre se pose sur moi.
Si je perds ce regard, c'est mon existence même qui est menacée. »

Pensouillard appelle ça aimer ! Tout ce tapage, tout ce bruit... Peut-il en être autrement ?

Le désir n'est jamais un problème. Il ne le devient que lorsque le petit moi s'en mêle. La prochaine fois que le désir montera en vous, observez-le ! Placez votre attention sur ses manifestations physiques. Apaisez le petit moi qui s'agite (« Ce mec-là, c'est moi qui vais l'avoir » ou « Non, elle n'est pas pour moi, elle est bien trop belle ! ») et ne jugez pas... Observez les jugements. Distinguez la part du désir activée par ce que Pensouillard raconte (ou les mauvais films qu'il projette) et la part réelle, physique, du désir. Si vous activez pleinement l'activité mentale-conscience, le désir prendra un tout autre sens : soit il s'atténuera – fin de l'aventure –, soit il vous amènera vers l'autre dans l'authenticité. Et dans cette authenticité, il vous sera possible de nommer ce qui vous habite.

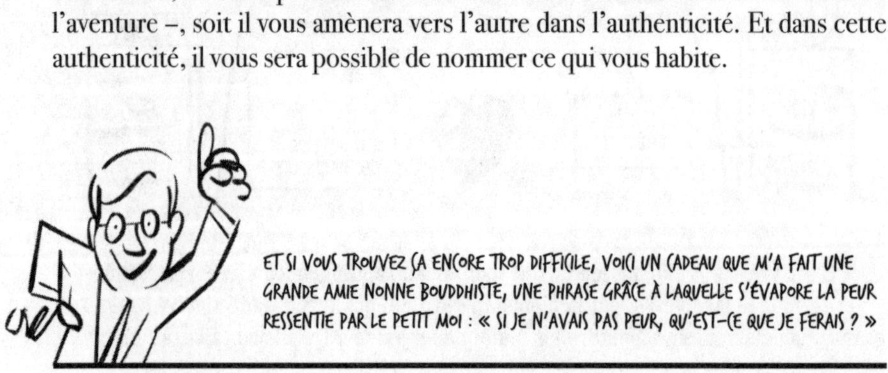

Pause-conscience

Amour égoïque ou amour véritable ?

J'ai soigné beaucoup de personnes qui souffraient de ce qu'elles appelaient une « peine d'amour ». Leur visage se transformait en vitrine derrière laquelle on voyait jaillir les pensouillures, comme du fumier qu'on épand dans les champs – de l'engrais pour la souffrance. Dans leur discours, aucune pensée sans ego ! « Il m'a fait ci, je lui ai dit ça... » Ces personnes confondaient l'amour égoïque – l'attachement – avec l'amour véritable.

« Il ne me regardait jamais, ne me touchait plus depuis des années... »

« Elle s'envoyait en l'air avec son patron et avec mon meilleur ami... »

L'amour égoïque vit dans l'activité mentale-ego. C'est le type d'amour le plus répandu, celui que recherchent la plupart des gens. Quant à l'amour véritable, il vit dans l'activité mentale-conscience ; il est rare, peu connu, et c'est normal, car il n'y a pas d'ego dedans. Problème : même en amour, Pensouillard est aux prises avec sa lubie de croissance personnelle. Il confond l'amour réel, celui dénué de toute attente avec celui où il ne se voit plus vivre sans l'autre.

Quand on s'attarde sur l'expression « être amoureux », on comprend tout de suite qu'elle décrit un état (très recherché par le petit moi) euphorique, entretenu par l'activité mentale-ego. Dans la tête de celui qui est amoureux, les pensouillures idéalisent l'être qui a choisi Pensouillard et l'a ainsi rendu spécial.

« C'est le plus beau, le plus grand, le plus fort, le meilleur des amants... ! »

« C'est la plus belle, la plus merveilleuse des femmes... au lit, c'est la meilleure... bref, c'est la femme idéale ! »

Les magazines people, les romans Harlequin et les films romantiques vendent ce genre d'amour. Bien sûr, pendant une certaine période, il y a célébration mutuelle. On est attentif aux besoins de l'autre, à son bien-être, à son plaisir. Mais un jour, le petit moi commence à avoir peur de perdre l'autre, ou bien trouve que cette relation ne lui permet plus de croître. Il commence à évaluer, mesurer, juger... On passe alors du :

« Je t'aime, je t'aime, je t'aime... »

à :

Et ces pensouillures deviennent peu à peu un mode de vie. Pensouillard ne pourra jamais connaître l'amour véritable, car dès qu'apparaissent ses pensouillures on n'est plus dans l'amour mais dans l'agitation du petit moi. Les pensouillures qui traversent les esprits sont comme ces banderoles publicitaires qui traînent derrière les avions. On y lit : « Je suis amoureux ! »

L'amour véritable ne fait aucune publicité. Il n'a pas à manifester qu'il est spécial ou extraordinaire. Ce n'est pas le petit moi qu'il porte dans les pensées, c'est la personne aimée, une personne qui n'est pas idéalisée, qui est vue telle qu'elle est. Les pensées disent alors : « Qu'est-il possible de faire pour contribuer à son bonheur ? » L'amour véritable peut même ne rien dire du tout, et le cœur comprend.

Dans l'amour égoïque, si le petit moi se convainc que c'est fini, alors il plonge dans le désespoir. Le hamster fait tourner sa roue, réactive et réécrit le passé, ces jours où tout était beau, où rien ne clochait, où tout était supposément parfait. Le supplice de la roue s'intensifie, mais Pensouillard s'acharne à la faire tourner dans l'espoir que quelque chose arrive, que l'autre revienne courir avec lui.

C'est comme la roulette du casino : Pensouillard hurle : « Faites vos jeux ! Misez sur moi ! » Et la roulette d'enchaîner : « Rien ne va plus ! Rien ne va plus ! »

C'est ça l'amour ?

Je le répète, Pensouillard confond attachement et amour. Comme il s'identifie à l'objet de son attachement, à cette nouvelle possession qui le valorise (une belle fille, un gars riche, qui a du pouvoir, de gros muscles), il ne peut tolérer de le perdre. En le perdant, il perd de sa propre valeur. Quand Pensouillard pleure le départ d'un objet d'attachement – un idéal –, il pleure sa propre mort. Voilà pourquoi sa souffrance est si intense. L'amour qui vit dans l'univers de la croissance personnelle est nécessairement aux prises avec la dépendance.

En cas d'amour véritable, la souffrance prend une tout autre forme lors d'une séparation. Cette rupture donne l'occasion de faire un pas de plus dans l'apprentissage de la décroissance personnelle. En ce sens, il s'agit d'une souffrance qu'on peut qualifier d'utile. Concrètement, voici comment peut s'effectuer la décroissance personnelle à la suite d'une rupture ou d'un décès.

1re séquence

AU MOMENT DE LA SÉPARATION...

« Que vais-je devenir ? Je ne suis plus rien !
La vie ne vaut plus la peine d'être vécue. »

L'activité mentale-ego crée une nouvelle identité : celle de victime.

« Personne ne peut souffrir autant que moi ! »

2e séquence

LE DÉCLIC SE FAIT

ACTIVITÉ MENTALE–CONSCIENCE:
« Ça y est, il y a Pensouillard qui débite ses lamentations, ses plaintes, ses tourments. Toute ma tête n'est occupée que par ça ! »

3e séquence

L'activité mentale-conscience observe les manifestations physiques de la tristesse, les souvenirs qui défilent, le discours de Pensouillard. Elle n'analyse ni ne juge ; elle se contente d'observer. Le calme apparaît doucement. La décroissance personnelle produit ses premiers résultats. Puis, peu à peu, l'attention se tourne vers la personne qui part. Elle devient une présence à ce que cette personne est en train de vivre, sans hostilité, sans mépris. Une observation des besoins évoqués (lors d'une rupture) ou de l'apaisement final de sa conscience (lors d'un décès). Ne reste plus, dans la tête qui observe, qu'une paix remplie d'amour. Pensouillard n'est plus là pour résister.

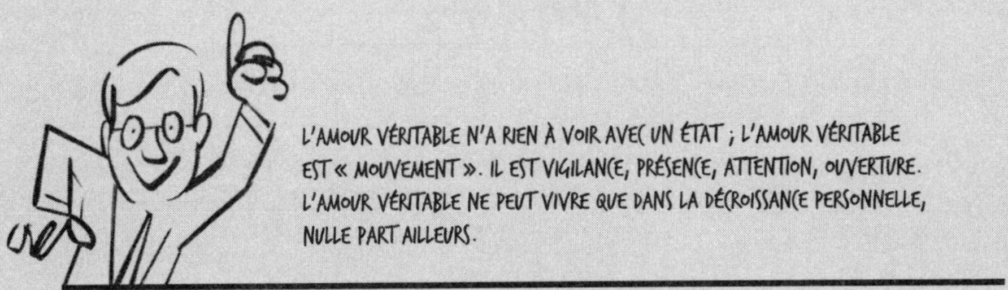

CHAPITRE VIII

S'adonner à la méditation

« La vraie générosité envers l'avenir consiste à tout donner au présent. »
ALBERT CAMUS

Quand le cerveau se maîtrise lui-même…

C'est un exercice pendant lequel le cerveau apprend à passer de l'activité mentale-ego à l'activité mentale-conscience. Si cet exercice est pratiqué sur une base régulière, l'activité mentale-conscience apparaît de plus en plus rapidement lorsque l'activité mentale-ego est en train de faire ses ravages.

Lorsque Richard Moss, médecin américain, se trouvait face à des gens qui affirmaient : « Je n'ai pas le temps de méditer ! », il répondait : « Quand j'écoute une autre personne, que je l'écoute vraiment, je médite. » Il voulait simplement dire par là qu'il peut alors se rendre compte qu'il a cessé d'écouter – jugements, réponses, blâmes…– et ramener son attention au discours de l'autre.

MÉDITER, C'EST S'ADONNER PENDANT QUELQUES MINUTES PAR JOUR À LA DÉCROISSANCE PERSONNELLE. CES MINUTES PERMETTENT QU'UN CHANGEMENT S'INSTALLE EN PERMANENCE DANS LE SYSTÈME NERVEUX, COMME UN DISJONCTEUR QUI COUPERAIT AUTOMATIQUEMENT LE COURANT QUAND « RIEN NE VA PLUS ». CE TEMPS D'ARRÊT DOIT DEVENIR VOTRE PRIORITÉ POUR QUE PENSOUILLARD CESSE D'ÊTRE LE MENEUR DE JEU DE VOTRE VIE.

Méditer, c'est observer le tapage qui remplit notre esprit, une sorte de parlement siégeant jour et nuit où s'expriment tout et son contraire. Méditer, c'est aussi observer le *processus d'identification* – la plus grande dérive de toute l'histoire – et comprendre que ce n'est pas là-dedans que la souffrance psychique s'apaise, mais dans son contraire. Il s'agit d'un laps de temps propice pour saisir que l'identification mène à vouloir être plus, à croître, alors que la désidentification conduit à ne rien vouloir et, par conséquent, à décroître.

Pendant ces quelques minutes, l'activité mentale constate que l'esprit a mélangé ce qui est à sa disposition avec ce qu'il s'approprie, et que tous les « mon », « ma », « mes » ne sont pas « nous », mais du vent. « Mon » équipe de foot, « ma » culture, « mon » peuple, « ma » cravate, « mon » idée, « mon » organisation, « ma » maladie, etc. Du vent ! Quand la conscience réalise qu'elle est déjà tout ce dont elle peut rêver, elle se consacre à ce qu'elle fait de mieux : s'émerveiller, sentir, créer, aimer. Fini le Je-Je-Je. Lorsque ce discours s'apaise, l'art peut prendre forme. Théâtre, littérature, poésie... Peu importe la forme choisie, la conscience compose alors de la musique qui fait taire les hommes, une musique qui invite au silence afin de remplacer Pensouillard par les étoiles.

Fini la souffrance ! Juste de la présence !
Une ouverture aux sensations.

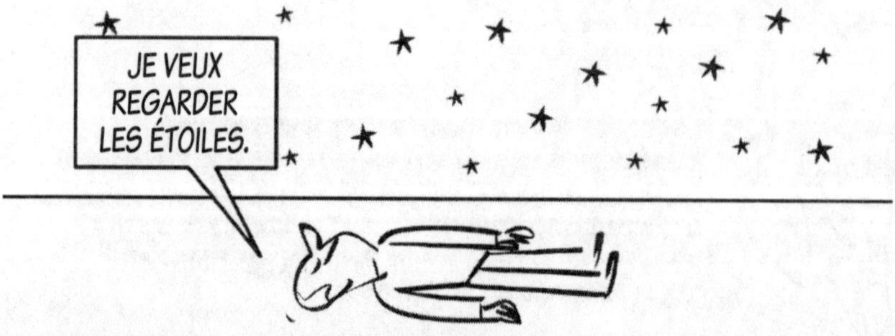

Comprenez-vous mieux maintenant le rôle de la méditation ? Installer confortablement la conscience dans sa tête, devant la cage du hamster, pour le regarder courir. Le voir s'angoisser, se priver de sommeil, parce que le temps manque, que le communiqué n'est pas parti à temps, que les mails en attente s'accumulent...

3 H DU MATIN...

« De quoi aurai-je l'air demain, hein ? C'est quoi l'idée d'avoir un hamster dans la tête ? C'est qui, l'imbécile qui l'a mis là ? Et ce point dans mon dos qui ne me lâche pas. Cancer des os, c'est sûr ! Même pas la peine de voir un médecin. De toute façon, impossible d'avoir un rendez-vous avant au moins un an ! Ils l'ont dit à la télé. Et tout cet argent à la banque, ramassé pour rien ! Et cet ingrat de patron pour qui je me suis fendu en quatre et qui m'a toujours traité comme un moins que rien, moi, son meilleur employé ! C'est lui qui m'a rendu malade. LUI ! LE RAT ! SCÉLÉRAT ! »

Repos !

La méditation, c'est s'asseoir au bord du lit quand une telle agitation mentale nuit au sommeil et placer son attention sur son souffle. Alors, le cerveau entre en mode méditation et fait tomber Pensouillard sur le museau. Alors, s'il reste quelques pensées dans la tête, elles ne sont pas teintées d'ego et peuvent ressembler à ça :

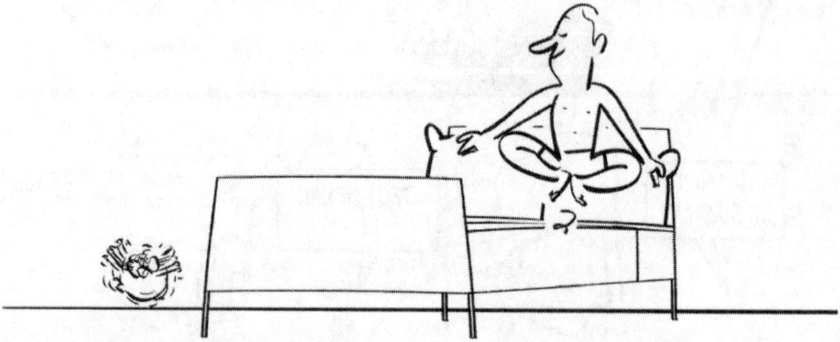

« Ah, une tension dans l'épaule, comme c'est curieux ! Difficile de savoir d'où elle vient, mais elle est là. Les muscles sont contractés. Ça part de l'omoplate et ça descend jusqu'au bassin. Si elle perdure, je vais prendre rendez-vous en physiothérapie... Et je vais changer mon matelas, tiens, vingt-cinq ans de loyaux services, il a bien mérité d'aller se reposer, celui-là ! »

Vous savez quoi ? Quand la conscience comprend à quel point la course du hamster est absurde et qu'elle se met à rire de lui – surtout lorsqu'il tombe sur le museau –, eh bien, la bête descend de sa roue et se sauve en courant !

Les moines et la prière

« Si vous vous sentez seul, si vous voulez des problèmes pour passer le temps, vous pouvez les créer. Ils sont là, disponibles. Mais vous n'êtes pas obligé de les prendre. »
Osho

Un singe dans la tête...

Au cours des dernières années, j'ai eu la chance de séjourner dans un monastère bouddhiste au Népal. Attention, je ne veux pas faire l'apologie du bouddhisme, je n'y connais rien, mais j'ai rencontré des moines dans la tête desquels Pensouillard semblait s'être tu. Ou, à tout le moins, avait ralenti sa course. Il faut dire que ces moines avaient beaucoup médité. Tous les jours, en fait. Au repos et dans l'action.

Mais bon, malgré cet entraînement, certains m'ont avoué – j'ai eu la chance de discuter avec eux – qu'il arrivait encore à la bête (chez eux, un singe plutôt qu'un hamster) de s'énerver dans leur tête. Ils m'ont confié que dans ces moments-là :

« Je ne panique pas, j'observe le petit moi et j'éclate de rire ! Soudainement, les neurones ne servent plus alors qu'à conduire L'amour : "l'amour altruiste". »

« Les humains doivent choisir entre renforcer le petit moi ou lâcher le petit moi, ils n'ont pas d'alternatives. C'est une question de survie pour l'ensemble de l'espèce. »

« Si les humains font le bon choix, la vie pourra continuer à onduler dans les esprits, alors que s'ils choisissent de renforcer l'omniprésente agitation du singe, la vraie vie délivrera ses vibrations ailleurs. »

« S'AIMER SOI-MÊME » : N'ÊTRE QU'UNE PRÉSENCE EXEMPTE DE L'AGITATION DE L'EGO, UNE PRÉSENCE TOUTE NUE. UNE PRÉSENCE QUI VOIT APPARAÎTRE LES EXIGENCES DU PETIT MOI DANS LA TÊTE (« AIMEZ-MOI ! AIMEZ-MOI ! ») ET LES LAISSE FONDRE COMME UN GLAÇON DANS L'EAU CHAUDE. S'AIMER SOI-MÊME, C'EST CONSACRER TOUTE SON ATTENTION À SENTIR L'AMOUR CIRCULER DANS TOUTES LES FIBRES DE SON ÊTRE, SANS DISCOURS ÉGOÏQUE POUR COURT-CIRCUITER LES NEURONES.

Ces sages n'ont pas besoin de croire en Dieu ou de l'inventer. Ce sont des hommes de paix et de compassion qui se débarrassent du hamster névrosé très tôt au cours de leur existence. En fait, Ils ne se débarrassent pas vraiment de lui, disons plutôt qu'ils apprennent à le débusquer où qu'il soit, dans la moindre pensée, le moindre désir. C'est leur jeu d'enfant. Dès que Pensouillard commence à courir, ils l'entourent d'une présence attentive, et ce dernier s'immobilise instantanément. Il n'a plus rien à dire ! Emporté par le silence et la contemplation, il n'offre aucune résistance et s'évapore dans le champ de la conscience. Pouf ! Disparu ! Ne reste plus que la pensée intelligente. Et l'énergie aimante.

Certains disent de ces moines qu'ils ne servent à rien. Erreur !
Ce sont des chercheurs. Ils servent à découvrir
comment faire taire le petit moi.

Ces moines prient. Leurs prières n'ont rien à voir avec celles de Pensouillard. Quand celui-ci prie, il psalmodie des formules, marmonne des demandes, murmure ses peurs. Une sorte de papier tue-mouches pour attraper Dieu : « Viens à moi, Dieu ! Colle-toi sur moi ! Apaise ma crainte d'être rejeté ! Ma peur de ne plus exister ! » Si seulement les gens réalisaient qui prie en eux...

Partout où se célèbre un culte, Pensouillard est là, infestant les églises, les mosquées, les synagogues et les stades. C'est pourtant sa roulette qui psalmodie : « couiiiiiiii... couiiiiiiii... couiiiii... !!!! »

La prière véritable

La prière véritable est silencieuse. Elle ne parle pas, n'a rien à demander, ne connaît pas les « je vous en prie, faites que… ». Elle se rend compte qu'elle a déjà tout, là, à portée de main : le parfum des lilas, le goût des oranges, le rire des enfants. Parfois, au bout d'un long et profond silence, elle clame : « Ainsi soit-il ! »

La prière véritable n'enregistre pas les insultes ou les moqueries. Elle ne leur laisse pas le temps de s'installer dans la mémoire. Elle les attrape à leur premier saut et les fait se dissoudre dans un regard compatissant.

La prière véritable observe comment un seul mot ou une seule image suffit pour déclencher une tempête biologique, avec pétarade cardiaque et douleurs générales, et comment une observation intense et pénétrante de cette tempête permet de la calmer.

La prière véritable définit l'intelligence par la capacité qu'a le cerveau à s'observer lui-même et à percevoir, dès qu'elle surgit, une pensée imbibée de haine, puis à la traquer dans ses incarnations physiques avant qu'elle n'engendre une engueulade ou une gifle.

La prière véritable découvre à quel point c'est l'agitation mentale – la course de Pensouillard dans les neurones – qui juge, sépare et divise ; sans cette course aliénante, tout demeure relié.

La prière véritable conduit à l'immobilité parfaite de Pensouillard. Ne reste alors à l'esprit que la pleine conscience et, de temps à autre, la pensée sans ego – la seule intelligente – qui dit : « Je est un autre. »

La prière véritable comprend que la croissance personnelle est un long processus, jamais terminé, qui ne conduit à rien, alors que la décroissance personnelle est instantanée et conduit à la vie.

La prière véritable sait que l'identification ne mène nulle part, et qu'une cravate, un hijab ou un gadget n'amène pas la tranquillité d'esprit.

La prière véritable réalise que les humains peuvent se rendre utiles sans y chercher une source de croissance personnelle. Le sentiment d'utilité constitue d'ailleurs un des moyens les plus efficaces pour l'esprit humain de comprendre le véritable sens du mot liberté : la cage ouverte et Pensouillard envolé ! Pfff... Le sentiment d'utilité ne donne aucune valeur à Pensouillard. Il sert de pont, c'est tout. Il relie les esprits aux étoiles. De cette façon, il permet à la bête de sortir de la cage !

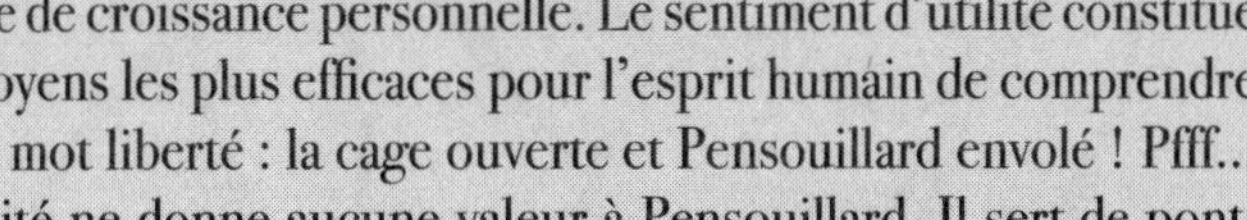

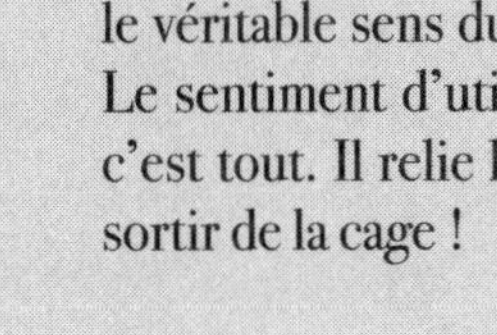

Pause-conscience

Dieu serait-il un hamster ?

« C'est seulement quand je ne sais pas ce qu'est Dieu
qu'il y a Dieu. »
JIDDU KRISHNAMURTI

Je ne prendrai pas position à propos de l'existence de Dieu.
Je veux simplement regarder avec vous ce que le petit moi en a fait.
Peu importe que Dieu existe ou non, une chose est certaine :
Pensouillard s'est créé un Dieu juste pour lui.

Comme avec tout le reste, Pensouillard a fait de Dieu une possession et une source d'identification : son Dieu, d'où le « oh, mon Dieu ! » Il a inventé un syllogisme d'un nouveau genre : « Je suis ce que je possède (mon Dieu), or toute menace à ce que je possède constitue une menace à ce que je suis, par conséquent, ce qui menace mon Dieu me menace moi aussi... »

Certains croient que Dieu existait avant le big-bang et qu'un jour, par amour, il a créé l'humain à son image. J'aimerais quand même comprendre une chose : si Dieu a créé l'homme (et son esprit) à son image, pourquoi diable y a-t-il mis un hamster ? Serait-ce la preuve que dans la tête de Dieu (s'il a une tête) court un hamster divin ?

Dieu, un hamster ? Vous croyez que je plaisante ?

Avez-vous constaté à quel point il est étrange que Dieu ait besoin d'être défendu, remercié, adulé, célébré, vénéré, reconnu ? Vous ne trouvez pas bizarre cette ressemblance avec le petit moi ? Et avec son besoin de croissance personnelle ? Personnellement, je vous avoue que je suis renversé par cette parenté. Dieu, s'il existe, ne peut être ni inventé, ni vendu, ni représenté. Dieu, s'il existe, ne s'invente pas !

Pour clore le débat sur la question de l'existence de Dieu, je m'autorise une affirmation gratuite. Si Dieu existe, s'il existe vraiment, c'est quand Pensouillard n'est plus là pour y croire ! Prenez une pause pour réfléchir à cette affirmation gratuite, et peut-être que Dieu, pour la toute première fois, apparaîtra vraiment dans votre vie... Je dis ça comme ça.

Chapitre IX

Décroître et éloigner les mangeurs de poux

« Bien entendu, pour que vous ayez raison, quelqu'un doit avoir tort. L'ego adore donc donner tort, puisque cela lui donne le droit d'avoir raison. Autrement dit, vous devez donner tort aux autres pour acquérir un sens plus fort d'identité. »
Eckhart Tolle

L'ego, chercheur de poux

D'après vous, quel est le chaînon manquant dans l'évolution de l'homme ? Le pou, cher lecteur. Le pou ! Si autrefois c'était le babouin qui repérait des poux chez les autres et les mangeait, aujourd'hui, c'est le gros ego.

Bien sûr, la recherche des poux a grandement évolué à l'ère de la modernité et elle est aujourd'hui beaucoup plus subtile. Épouiller consiste désormais à trouver les erreurs que commet son semblable, les bourdes grâce auxquelles on peut l'humilier, l'enlaidir, le diminuer et, par le fait même, se grandir ! Ça demeure une manière préreptilienne de se protéger, car plus le petit moi a l'impression d'être gros, plus il a le sentiment de faire peur ! Et plus il a le sentiment de faire peur, moins il se sent menacé. Donc, pour avoir moins peur, il suffit de se faire gros !

Trouver des poux excite Pensouillard. Il aime bien être le premier à pouvoir parler des défauts qu'il a décelés chez son voisin. Ça lui procure l'attention dont il a besoin pour sortir de l'ennui, car on s'ennuie beaucoup quand le temps est entièrement consacré à courir dans une roue.

« Tu ne connais pas la dernière... Tiens, je vais te raconter ce qu'il a fait... »

« Il couche avec sa secrétaire. C'est la sixième en trois mois!
Il les engage pour ce qu'elles ont dans le soutien gorge, le salaud ! »

« Elle en est à son troisième lifting. Elle a plus de botox que de peau maintenant ! »

« T'as vu son nez ! ce n'est pas un nez, c'est une trompe ! »

Être intelligent revient à amorcer la décroissance personnelle, à l'instant même où le petit moi pète les plombs. C'est très difficile, car le petit moi ne veut pas décroître. Il veut se distinguer, gagner, montrer qu'il existe, être reconnu, qu'on s'occupe de lui. Il veut être le meilleur, l'unique, le plus brillant, le plus aimable, le plus savant, le plus beau, le plus fort, le plus habile, le plus rapide, le plus riche, le plus sage, le plus humble, celui qui mérite le plus d'être aimé... JAMAIS IL NE VOUDRA DÉCROÎTRE ! C'est contraire à sa nature.

Mais ne lui demandez pas (au petit moi) de s'en rendre compte, il en est incapable. Car il n'y a aucune forme d'intelligence dans l'ego, pas la moindre parcelle.

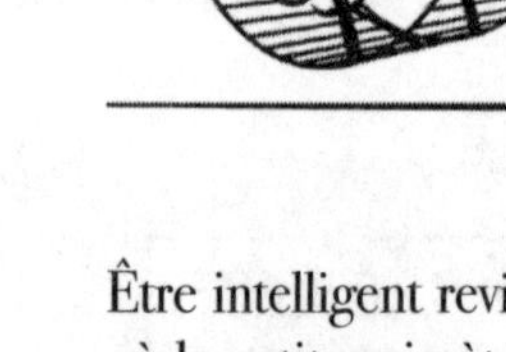

L'intelligence loge dans la capacité d'être présent, attentif, rclié ; d'être le véhicule de la vie. Elle est à la fois le déclencheur et l'aboutissement de la décroissance personnelle.

AU RESTAURANT...

ACTIVITÉ MENTALE–EGO CHERCHEUR DE POUX...

« Qu'est-ce qu'elle est lente cette serveuse ! Ils ne sont pas dans l'assiette les escargots, ils sont sur le plancher ! »

ACTIVITÉ MENTALE–CONSCIENCE QUI AMORCE LA DÉCROISSANCE...

« Tiens, Pensouillard fait son cirque... Allez, on ramène l'attention ici... Sur le souffle, sur la musique, sur les gens qui rigolent à la table voisine... On découvre, on apprend, on s'émerveille, on contemple... »

ACTIVITÉ POST-DÉCROISSANCE...

« Mais ils sont admirables les efforts de cette serveuse !
Tiens pourquoi ne pas lui dire : “Bravo madame pour les efforts que vous faites !” »

Au Népal, les moines appellent cela la méditation dans l’action. Ils disent que lorsqu’on est dans un endroit tranquille – sur le bord d’un lac, en montagne ou dans une pièce silencieuse –, il peut devenir relativement facile d’observer les pirouettes de Pensouillard, et c’est au moment où la bête s’emporte que la véritable méditation commence.

Même après des années de méditation à raison de vingt minutes par jour, la décroissance personnelle ne s’effectue pas automatiquement chaque fois que votre petit moi « pique une crise ». Jusqu’au jour où, à force de persévérance, la décroissance est instantanément mise à exécution par l’esprit. Ce jour-là, le petit moi n’a plus guère d’influence. Dès qu’il fait entendre sa plainte, l’intelligence se met en mode déclic et la paix s’installe.

Beaucoup répètent un mantra pendant vingt minutes chaque jour – « Om, Om, Om... » – jusqu’à ce que la litanie endorme Pensouillard et que le mantra soit seul en scène. Cette routine peut certainement calmer Pensouillard pendant un moment, mais ça ne sera jamais suffisant pour devenir intelligent. D’où la méditation dans l’action.

La méditation dans l'action

Votre conjoint vous annonce qu'il vous quitte pour une femme beaucoup plus jeune que vous…

« Une bombasse ! »

sont les premiers mots à sortir de la roue de votre hamster en furie, et ce n'est que le début d'une longue tirade. Vous pouvez alors vous asseoir en position du lotus et débiter votre mantra sur tous les tons :

« Om, Am, Um… »

il en faut pourtant plus que ça pour freiner le petit moi ! L'ouragan Pensouillard, force 5, balaie toute tentative d'apaisement sur son passage.

« Le salaud ! Ommm… Ommm… Me faire ça à moi après tout ce que j'ai fait pour lui ! Ommm… Ommm… L'ordure ! Même pas le courage de me le dire plus tôt ! Ommm… Ommmm… Je ne suis plus assez belle pour lui ? Trop vieille ? Trop ridée ? Omm… Le lâche ! »

Vous êtes prise dans le tsunami des émotions. C'est à cet instant précis que doit commencer la véritable méditation : la méditation dans l'action ! Toute autre forme de méditation, si valable soit-elle, ne fait que préparer celle-ci. Revenons à notre tsunami. Votre mari vient donc de vous annoncer qu'il vous quitte pour une jeune femme… Ou votre épouse pour un bellâtre plus riche. (C'est pareil !) Votre cœur n'est plus qu'une marmelade en déliquescence, de la confiture en ébullition !

Que faire ?

Asseyez-vous bien droit. Vous pouvez aussi rester debout si vous êtes incapable de vous asseoir, vous mettre à genoux, vous coucher à plat ventre et taper des poings sur le sol, vous faire couler un bain et vous mettre la tête sous l'eau pour tenter de noyer Pensouillard. Ce sont d'autres options ! Néanmoins, placez maintenant votre attention sur votre respiration. Ou sur les sensations qui traversent votre corps. Les serrements, les contractions…, ce qu'on appelle LA SOUFFRANCE. Je sais que vous n'avez pas envie de faire ça, et même si ça fait des années que vous méditez, vous avez tout oublié ! Ommm… Omm… ! Ça ne donne rien ! Aucune paix de l'esprit possible. Juste l'envie de haïr !

« Comment a-t-il pu ? Comment peut-on être naïf à ce point ? Je m'en doutais… J'aurais dû m'écouter quand je disais qu'il avait son cerveau dans son caleçon. Comment ai-je pu l'aimer ? Et je l'aime encore ! JE L'AIME ! Il n'aurait qu'un mot à dire… Comment ai-je pu être aussi aveugle ? Naïve ? Idiote ? »

Pause

Allons-y lentement maintenant. Vous êtes complètement sous l'emprise de votre locataire à poil ras. Plus aucun neurone n'est disponible, tous sont bouffés par la trahison, l'affront, la tromperie. Vous vous répétez : « Je me suis fait avoir ! » Allez-y, immobilisez la roue quelques instants afin de libérer un ou deux neurones...

J'insiste, une seule chose peut calmer le hamster : L'ATTENTION. Amenez votre attention sur les sensations qu'éprouve votre corps, l'oppression, les palpitations, les crispations, les contractions. Découvrez où loge la souffrance. Se cache-t-elle dans la poitrine ? Le ventre ? Quelle forme prend-elle ? S'agit-il d'un spasme ? Observez-la. Ne vous attachez pas au passé. Pas de « Il est pareil que mon père, ce taré » ni de « Ma mère me l'avait bien dit » ou autre parasitage du genre. La difficulté est toujours là. Pensouillard revient, recommence, il se débat.

Comprenez la peur qu'a votre hamster de disparaître. Il se compare. « Qu'est-ce qu'elle peut bien avoir que je n'ai pas, cette gonzesse, à part la jeunesse ? Elle ne fait pas la cuisine aussi bien que moi, c'est impossible ! Elle n'endurera sûrement pas qu'il regarde son foot tous les soirs. Et les caleçons de Monsieur, qui va les lui laver ? Certainement pas une petite merdeuse de cet âge-là ! Les garces décérébrées comme elle ne torchent pas les vieux ploucs comme lui. »

Et blablabla, et blablabla...

C’est tout le travail d’identification savamment mis en place
au cours des années qui vacille :

« Ma cuisine, mon lavage, mon ménage, personne d’autre ne fait ça comme moi ! Je suis UNIQUE, car il n’y a que moi pour accepter de le supporter ! »

Votre hamster si spécial a peur de mourir ! Il n’est plus reconnu pour tout ce qu’il a été, pour tout ce qu’il a fait. C’est comme s’il n’avait pas eu d’existence ou qu’il n’en avait plus.

Il est alors mûr pour tomber dans le piège de la croissance personnelle :

« Je vais désormais m’occuper de moi ! Je vais devenir tellement intéressante qu’il va le regretter jusqu’à la fin de ses jours ! Je ne perdrai plus mon temps à penser à lui. De toute façon, elle va en baver, sa grognasse ! Elle ne pourra jamais lui donner ce que moi seule pouvais lui donner. »

Des pensouillures à n’en plus finir!
L’esprit pensouille beaucoup, mais pense peu !

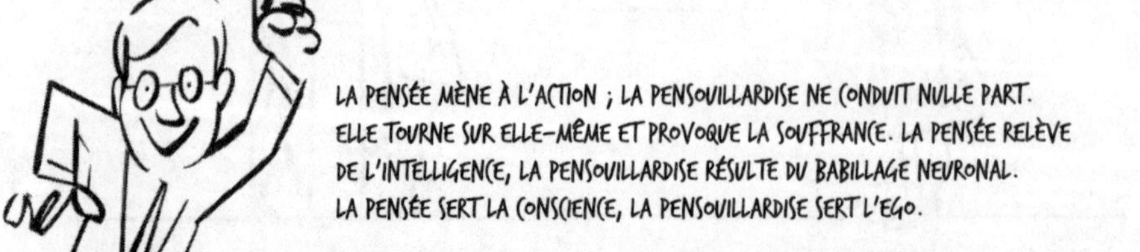

La pensouillardise n'est qu'un petit événement mental, éphémère. Du courant dans des fils électriques. Et Pensouillard l'alimente, inlassablement :

« Je n'étais rien pour lui ! Rien... rien... rien... rien... »

Et c'est ce mot, *rien*, qui fait mal chaque fois.

Quand il n'y a que la pleine conscience – ce que permet la méditation dans l'action –, votre ego n'est plus dans l'urgence d'être aimé. Quant à Pensouillard, il cesse de faire n'importe quoi, comme se prostituer, mentir ou se faire exploser dans un autobus, pour acquérir de la valeur à ses propres yeux (ou aux yeux des autres, ce qui revient au même). Pensouillard n'a plus besoin d'avoir quelque valeur que ce soit, car il ne court plus ! Ne reste que la vie... au service de la vie.

CHAPITRE X

Utiliser ses sens pour décroître

« Comme nous n'arrêtons pas de nous parler à nous-mêmes, rien ne nous parle. »
PEMA CHÖDRÖN

Voici quelques exercices pour vous permettre de décroître dans le plaisir ;
il s'agit, à tout moment, de découvrir où est situé le centre de votre attention.
De petites questions, toutes simples, peuvent vous aider :

« Où est mon attention présentement ? Est-elle absorbée par le spectacle que m'offre la vie ou est-elle accaparée par Pensouillard ? Est-elle au service de mon gros ego ou est-elle sur ce que mes sens perçoivent ? »

Les yeux

Comment vos yeux regardent-ils un visage ?

« C'est la catastrophe ! Le CAC 40 a chuté de 15 %, la pire dégringolade depuis vingt ans. Je suis ruiné ! Je devais prendre ma retraite dans un an. Au rythme où ça va, ce sera six pieds sous terre à faire du bénévolat pour les asticots ! »

Il ne reste plus le moindre espace dans notre esprit
pour la beauté du visage de l'autre.

Pouvez-vous regarder un visage sans le commenter ? Faites-le immédiatement.

PENSOUILLURES
JUGEMENTS POSITIFS
« Qu'est-ce qu'elle est belle avec ses yeux d'un bleu océan, son nez fin, ses lèvres pulpeuses... »

PENSOUILLURES
JUGEMENTS NÉGATIFS
« Qu'est-ce qu'il est laid avec ses cheveux gras, son nez de travers... »

PLEINE CONSCIENCE

S'il n'y a pas de visage près de vous, choisissez un objet, n'importe lequel (horloge, bulle de savon, dé à coudre...). Placez toute votre attention sur la forme, les lignes, les courbes, sans tirer le moindre commentaire. Si Pensouillard se pointe, prenez-en conscience sur-le-champ ! Regardez les mots éclabousser les parois de votre esprit. Réalisez alors que vous n'êtes plus avec le visage (ou l'horloge, ou la bulle de savon, ou le dé à coudre), mais avec votre hamster.

Ramenez alors votre attention sur le visage ou l'objet que vous avez choisi. Regardez-le avec toute votre conscience. Les yeux, le nez, la bouche... jusqu'à ce qu'il ne reste plus que ça dans votre esprit. Aucun mot ! Seulement les couleurs, le jeu de la lumière... Rien d'autre, pas de remarques, pas de jugements. Le visage entouré de silence au beau milieu de votre tête... L'horloge ou le dé à coudre sur les écrans de votre mental ; et uniquement des gros plans, sans bande sonore. Appréciez le bien-être qui vous habite !

Les oreilles

Comment vos oreilles entendent-elles la voix d'une personne aimée ?
L'entendent-elles vraiment ?

PENSOUILLURES
« Suis-je assez beau, intéressant, intelligent...? »

PLEINE CONSCIENCE
« Je t'aime. »

L'insulte

Avez-vous déjà accueilli une insulte ou une critique
sans que Pensouillard sorte griffes et dents ?

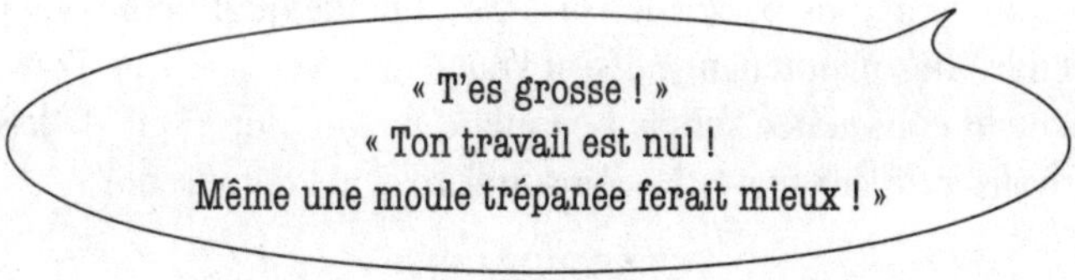

Pouvez-vous suivre attentivement le cheminement de ces mots dans votre esprit ? Les observer dès que la roue commence à les bringuebaler ? « Gros... Grosse... Gros... Grosse... ! » L'activité mentale-conscience peut accueillir une insulte pour ce qu'elle est, c'est-à-dire des crottes de hamster, et dire « Tiens, tiens, l'insulte est entrée là... Elle vient juste de pénétrer et, comme une flèche empoisonnée, a commencé à y répandre son venin ». Entourez-les de votre conscience avant qu'ils ne s'impriment durablement ! Les mots flottent sans se fixer vraiment et Pensouillard n'arrive pas à embrayer sa roue : « T'es gros... grosse... ! », « Gros nul... ! », « T'es moche... ! » Comme c'est curieux, l'insulte ne s'imprime pas ! Elle s'évanouit, tout doucement, et cesse bientôt de circuler dans les circuits neuronaux. Et le petit moi n'est plus là pour lui prêter existence.

Les louanges

Les louanges sont un énergisant pour le petit moi. Pensouillard peut facilement en devenir dépendant et souffrir de leur absence… Pouvez-vous prendre conscience du mouvement des louanges dans votre tête ? Ne pas vous attacher aux sensations qu'elles déclenchent ?

« Vous êtes la personne la plus intelligente que j'aie rencontrée ! »

Allez, dites-vous tout doucement :

« Ok, ces louanges, combien de temps Pensouillard
va-t-il les faire reluire, comme des objets précieux ?
Elles n'ont pas plus de substance que les insultes. Elles ne sont
désormais que des pensouillures circulant
dans le circuit cérébral. »

L'odorat

Dois-je absolument vous parler de votre pif et de ce qu'il peut vous permettre de comprendre dès maintenant ? Est-il vraiment nécessaire que j'oriente votre activité mentale-conscience vers le bouquet d'un vin plutôt que de laisser votre petit moi rivaliser de savoir avec les Pensouillards qui l'entourent ?

PENSOUILLURES
« Mmmm, un 1982… Je suis certain que l'autre l'ignare
ne fera pas la différence avec un 1991… »

Où est votre attention ?

Le goût

Avez-vous déjà constaté à quel point Pensouillard ne s'arrête jamais pendant que vous mangez ? Il active sa roue au beau milieu de votre plat favori avec des trucs comme : « Ah ! j'ai oublié d'appeler ma mère pour son anniversaire hier, mince, elle va encore me faire la gueule ! » Placez plutôt votre attention sur ce qui stimule vos papilles et prenez conscience de ce que veut dire être présent.

PENSOUILLURES

« Ah, je ne serai jamais à la hauteur !
Je suis un nul, j'ai raté ma vie, il est trop tard ! »

Mais où est donc votre attention ?

Savez-vous ce que signifie caresser ? Savez-vous qu'une caresse véritable est complètement détachée des soubresauts d'un hamster ? Seul un esprit affranchi du besoin d'être aimé (ou reconnu) peut donner tout son pouvoir à une caresse, celui d'établir un vrai contact entre deux consciences. Êtes-vous véritablement dans la pulpe de vos doigts quand ils serrent un enfant contre votre poitrine ? Habitez-vous vraiment vos mains quand elles le bercent alors que ses dents tentent de se frayer un chemin douloureux dans ses gencives ? Êtes-vous vraiment dans vos bras quand ils serrent ce vieillard qui vous a donné la vie ?

PENSOUILLURES

« Marre de m'entendre dire, par mon boss : "En plus, tu es toujours en retard. Et ton rapport est truffé d'erreurs" ! »

Êtes-vous vraiment présent ?

Chapitre XI

Ego or not ego ?

« Ce ne sont pas les grandes tragédies qui conduisent
un être humain à l'asile, ce n'est pas la mort de ses amours,
c'est un lacet de bottine qui se rompt lorsque
le temps manque. »
Charles Bukowski

Le quotidien

Nous allons, à ce stade-ci, faire un exercice de révision
qui consiste au quotidien à distinguer pensouillures d'une part,
et pensées sans ego d'autre part.

Le quotidien ennuie royalement Pensouillard, car il n'y trouve
aucune matière à briller, aucune occasion de montrer
à quel point sa course est spéciale.
Pas de médaille, pas de trophée, pas de bourse.

Révision

C'est la pensée sans ego qui fait prendre de l'aspirine aux humains
quand Pensouillard leur donne mal à la tête (la rotation d'une roue peut irriter
certains neurones et provoquer des décharges assommantes).

PENSOUILLURES | PENSÉES SANS EGO

« Il n'y a personne ici
pour me dire bonjour ?! »

S'il vous plaît les enfants,
n'oubliez pas d'acheter
du pain ! Je vous aime !

« Quel métier pourri je fais ! »

« Voilà de l'aspirine, M. Tremblay, vous n'aurez plus mal à la tête. »

« Je cours, je cours, j'ai tellement de choses à faire, et personne ne s'en rend compte... »

« Mais où conduit cette course folle ? En quoi ces problèmes me sont-ils utiles ?

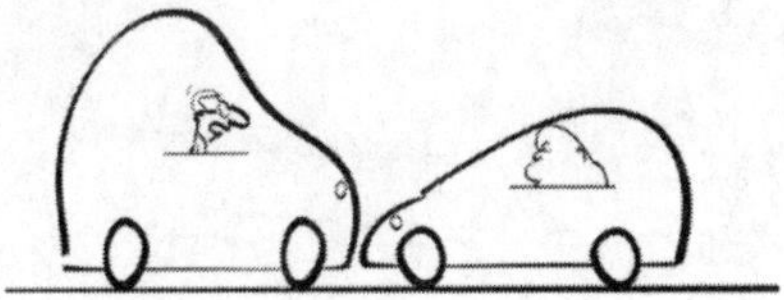

« Espèce de gros abruti ! »

« Et si j'écoutais Mozart ? ou ma leçon d'espagnol ? Si je méditais ? »

« C'est encore moi qui dois m'occuper de mon père, comme si je n'avais que ça à faire ! »

« Je vais t'aider à t'habiller, papa, nous allons prendre un peu d'air... »

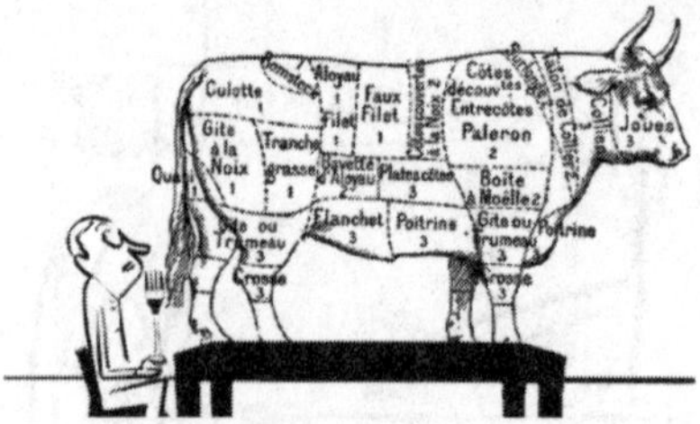

« Je suis indiscipliné, je n'ai aucune force de caractère, je suis nul ! »

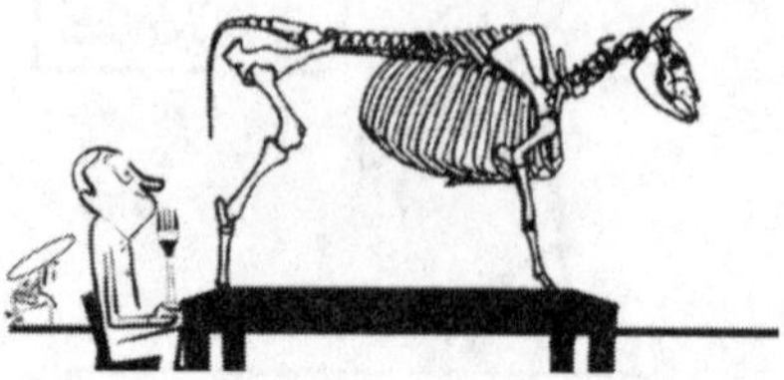

« Un petit dessert ?
– Non merci, j'ai suffisamment mangé. »

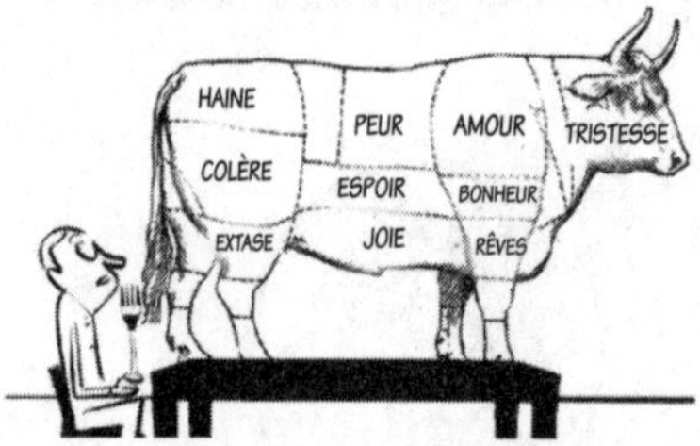

« Je n'ai qu'une vie, bon ! Demain j'arrête, ou après-demain... Et mon psy qui me dit que je mange mes émotions ! »

« L'océan est bien assez grand pour se repeupler tout seul ! Il doit bien rester un poisson quelque part pour tout recommencer ! »

« Allez, on en a suffisamment pêché, on arrête ! L'océan se vide à cause de nous ! »

« Pourquoi est-ce toujours moi qui sors les ordures ? »

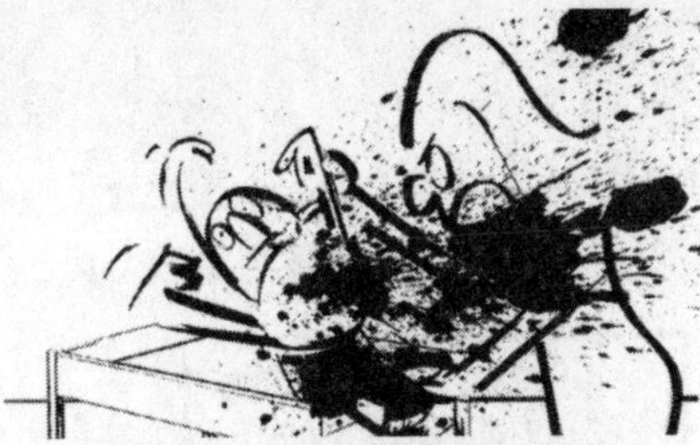

« C'est quoi toute cette merde ? J'en ai ras le cul d'avoir les mains dedans ! »

« J'aime cette odeur de propre... »

« Nous sommes les champions de la collecte de fonds ! »

« Je donne 50 euros. Je crois tellement à cette cause... »

« Bof, un verre de plus ou de moins... J'ai encore toute ma tête... allez, un dernier petit coup pour la route... »

« Ce soir, pas un verre ! Je suis chauffeur désigné ! »

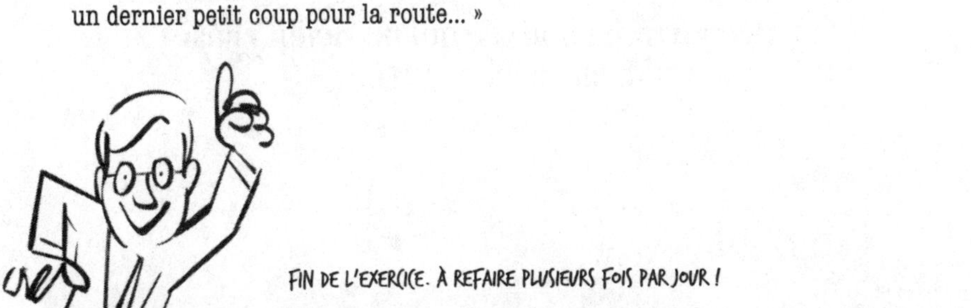

Chapitre XII

Être ce qui ne vieillit jamais

« Il faut découvrir en nous ce qui ne vieillit jamais. »
Marie de Hennezel

La pyramide de Maslow

Quand je demande aux personnes que je vois en consultation ce qu'elles veulent, j'entends souvent : « Je veux devenir moi-même ! » Malheureusement, la plupart du temps, c'est l'ego qui parle. Le petit moi qui veut devenir un grand moi, unique, aimable, inattaquable. Une illusion, même si elle grossit, ne sera toujours qu'une illusion. L'ego est un obstacle qui empêche l'être humain de devenir ce qu'il est vraiment.

Alors, que sommes-nous vraiment ? La réponse est fort simple :

Une capacité qui n'a rien à voir avec toutes les idioties d'identification, qu'elles concernent un pays, une voiture, une opinion, une idée, une apparence ou une marque de sous-vêtements. Tout ce à quoi le petit moi s'identifie vieillit, meurt, se désagrège, disparaît. Aujourd'hui, dans la majorité des esprits, si les hamsters courent, c'est pour cultiver la certitude qu'il n'y en a pas d'autres comme eux.

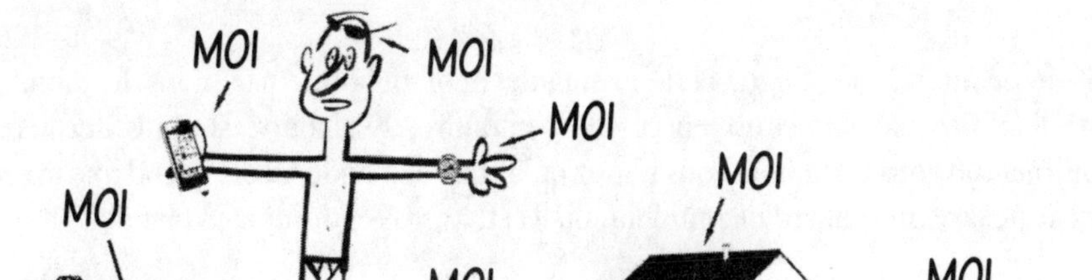

Un certain monsieur Maslow a un jour construit une pyramide pour représenter les besoins des hommes. Chaque besoin ne peut être pris en compte que lorsque le besoin qui se trouve plus bas dans la pyramide a été satisfait. Cela signifie qu'un être humain ne peut s'affairer à combler le besoin d'estime de soi s'il est affamé. Tout en haut, à la pointe de la pyramide, Maslow a installé le besoin ultime à ses yeux : celui de la réalisation de soi.

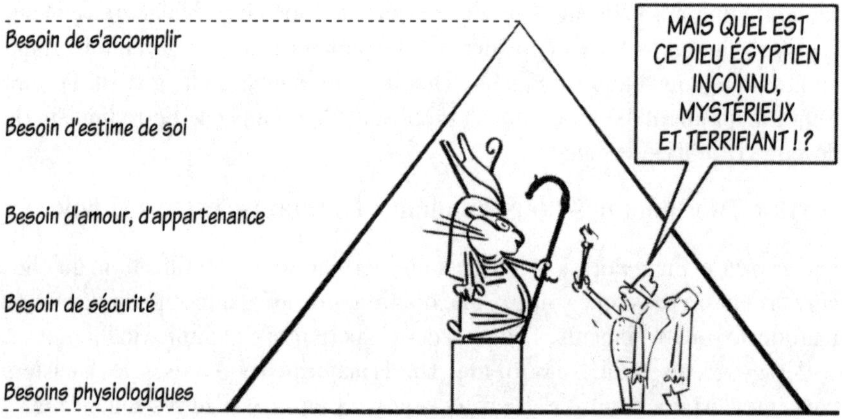

Dans le monde de l'ego, cette pyramide tient debout, mais dans le monde de l'activité mentale-conscience, elle s'effondre. D'ailleurs, si cette dernière affirmation vous turlupine, vous n'avez qu'à vous demander ceci : quand une main délicate lave un vieillard incontinent, où il est, le gros ego, sur la pyramide ?

Maslow ne semble pas avoir vu, me semble-t-il, que si un tel geste est issu de l'activité mentale-conscience, il fait disparaître tout besoin d'être quelqu'un, et toute la souffrance de ne pas l'avoir été ou de ne pas l'être. Si Maslow avait compris que l'ego est un hamster, il n'aurait peut-être jamais construit sa pyramide. Il aurait vu, en effet, qu'un esprit totalement habité par l'activité mentale-conscience ne cherche pas à grimper quoi que ce soit, puisqu'il est déjà complètement réalisé.

Et au diable la pyramide !

Exercice

Quand l'ego s'est-il enfin réalisé ?

Plusieurs fois millionnaire ? La une des magazines ?
Reconnu au supermarché du coin ? Son œuvre convoitée ?
En tête des hit-parades ou dans une galerie de New York ?
On se retourne sur son passage (Regardez-le ! Qu'il est beau dans sa roue !),
on le cite et lui demande un autographe ? Augmentation de salaire ?
Écouté chaque fois qu'il parle ? Autobiographie ?

Qu'est-ce qui permettra à l'ego d'affirmer qu'il s'est enfin réalisé ?

Réponse : rien de tout ce qui précède !

La réussite procure un plaisir immédiat mais momentané (on parle de deux mois pour les médaillés olympiques), car la plénitude n'a rien à voir avec le succès.

LA PLÉNITUDE NE PEUT SE VIVRE QUE DANS L'ATTENTION ABSOLUE À CE QUI EST VIVANT, PAS À CE QUI EST MORT ! LES EXPLOITS, LES RÉUSSITES, LES PRIX, TOUT CELA EST DÉJÀ TERMINÉ SITÔT APPARU. LES RÉCOMPENSES NE SONT PAS LA VIE, CE NE SONT QUE DES INVENTIONS DU HAMSTER ! ELLES PERMETTENT À PENSOUILLARD DE SE SENTIR UNIQUE MAIS NE SERONT JAMAIS LA VIE QUI CIRCULE DANS L'INTENTION D'AIMER. JAMAIS !

Chapitre xiii

Faire un peu de ménage dans le moment présent

« Deux choses sont infinies, l'Univers et la bêtise humaine.
Mais en ce qui concerne l'Univers, je n'en ai pas encore acquis la certitude absolue. »
Albert Einstein

Les fausses idées à propos du moment présent

Dans la salle d'attente d'une clinique spécialisée en gastro-entérologie, le médecin se présente au bout de la pièce et appelle une personne. Immédiatement, un homme sort de ses gonds.

« J'étais là avant lui ! C'est mon tour. Ça ne se passera pas comme ça. Je vais leur montrer, moi, comment on traite les patients. C'est cette femme-là, la réceptionniste, qui mélange tous les dossiers. »

La réceptionniste se lève et lui montre, collée sur la porte, la petite affiche « Aucune violence verbale ne sera tolérée ». Mon voisin se tait, mais on peut deviner Pensouillard continuant à ronger son frein dans sa tête. Ironiquement, si ce monsieur patientait dans cette salle, c'était à cause d'un problème digestif, ulcère ou cancer. Avec un peu de vigilance, ce monsieur aurait pu décroître. Attention ! Cela n'est pas une invitation à l'abnégation. L'abnégation pourrait même être, pour le petit moi, une autre façon de montrer à quel point il est spécial : « Je ne suis pas impatient, moi, je me calme. Je respire par le nez, moi, car je suis intelligent, spirituel, bien au-dessus de ces réactions de gorille. » Dans l'abnégation, la tête est encore pleine de mots ; dans la décroissance personnelle, elle est vide, ou presque. Ce n'est pas une disparition, c'est une apparition, celle de l'intelligence.

C'est aussi ce qu'on appelle entrer dans le moment présent. Arrêtons-nous d'ailleurs à l'expression « vivre le moment présent » pour y faire un peu de ménage. L'ego en fait ce qu'il veut : « Je m'applique à vivre le moment présent, alors s'il te plaît, cesse de m'emmerder ! Et puis ça m'aiderait si tu sortais les poubelles. » On ne comprend pas que vivre le moment présent, c'est aussi sortir les poubelles.

On confond « vivre le moment présent » et « tout avoir, tout faire, tout, tout de suite ! » La modernité, qui s'affaire à séduire le petit moi en lui offrant des identités de marques, ne lui explique surtout pas que vivre le moment présent, c'est avoir son attention totalement ouverte à chaque instant – écouter, regarder, sentir ce qui se passe en soi et à l'extérieur de soi.

Lâcher prise !

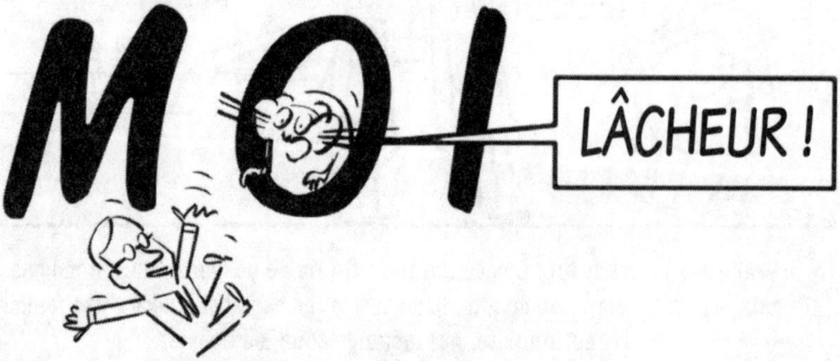

« Lâcher prise », une expression aussi populaire que « vivre le moment présent », mais *qui* lâche prise ? Le petit moi ne lâchera jamais prise. Il se résigne, fait des compromis, négocie au mieux. Lâcher prise, c'est mettre l'activité mentale-ego en position off ! C'est le passage le plus difficile d'entre tous : celui du petit moi à la conscience. Et dans l'activité mentale-conscience véritable, celle qui est capable d'observer toutes les tractations du petit moi, ses manipulations et ses ruses (et d'en rire !), il n'est plus de besoin de permanence, d'immortalité, de durée. Il y a le sentiment profond d'être relié à tout, dans le moment présent.

Exercice

Dans un restaurant, une salle d'attente, au travail, à un dîner de famille, prenez le temps d'écouter le discours des personnes qui vous entourent. Identifiez les pensées pleines de petit moi – vous verrez, elles sont nombreuses –, observez les réactions physiques qu'elles déclenchent chez les personnes qui les expriment et chez celles qui les écoutent. Demandez-vous qui, dans cet endroit, est vraiment dans le moment présent. Vous comprendrez immédiatement pourquoi il est urgent d'apprendre à décroître.

AU RESTAURANT...

« Moi, je trouve, franchement, que le service serait plus rapide s'il était fait par des limaces. »

DANS LA SALLE D'ATTENTE...

« J'ai le temps de mourir et d'être enterré avant qu'on m'appelle! On ne devrait pas appeler ça une salle d'attente mais un incubateur à microbes ! »

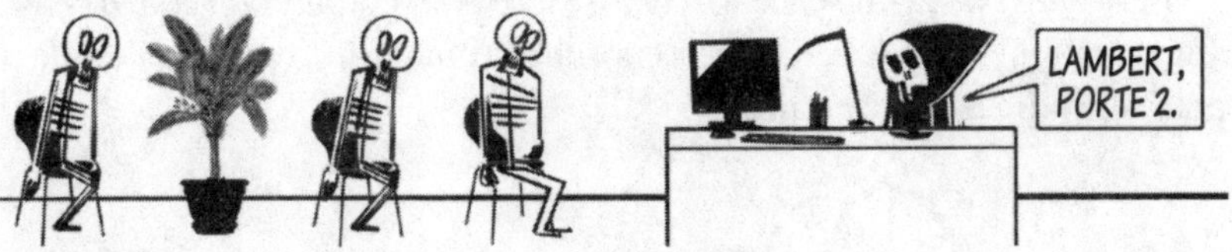

AU TRAVAIL...

« Le jour où je serai promu, l'entreprise aura fait faillite... La reconnaissance ici, c'est pour les meubles et les plantes. »

DÎNER DE FAMILLE...

« Pas étonnant qu'elle nous serve des pâtes, la belle sœur... C'est une nouille ! »

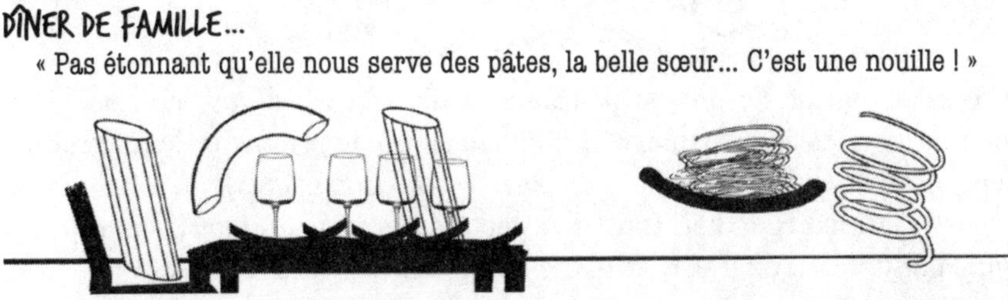

La mort

« Toute lumière que vous lui donnez vous sera retournée. »
JEAN-JULES SOUCY

Certains humains croient dur comme fer que Pensouillard poursuit sa course après la mort de leurs neurones. Néanmoins, il y a quand même la mort de ceux qu'on aime, et cette mort fait mal ! Ne plus pouvoir caresser une joue. Ne plus pouvoir entendre un rire. Ne plus pouvoir rassurer. Ne plus pouvoir tenir une main, la nuit, car l'autre est parti. Cet autre qu'on aurait dû écouter davantage. Il/elle n'est plus là. La douleur existe, réelle, comme du métal chauffé à blanc entre les côtes, des tessons de bouteille charriés dans les artères par le sang, des poumons qui s'embrasent à chaque inspiration. Une douleur sans bon sens. Il faut autre chose... Et s'il y avait autre chose ? Parfois, quand quelqu'un meurt, on voit son esprit entrer dans l'activité mentale-conscience. Les dernières forces ne sont alors utilisées que pour la présence. Un bras se lève pour entourer un cou, des regards se rencontrent ; on ne cherche plus quoi dire ou quoi faire, car il n'y a pas de route pour se rendre là où on est déjà !

C'est donc quand l'esprit est parfaitement silencieux que l'on saisit que pour pouvoir vivre et aimer vraiment, il suffit que meure le petit moi. Ce rongeur qui a peur et a besoin de planter des drapeaux ou de faire pipi partout, même sur un cœur ! Cette mort conduit là où il n'y a plus d'images, plus de mots, plus de passé, plus d'histoire. Là où il ne reste que la vie, la vraie ! Éternelle, peut-être...

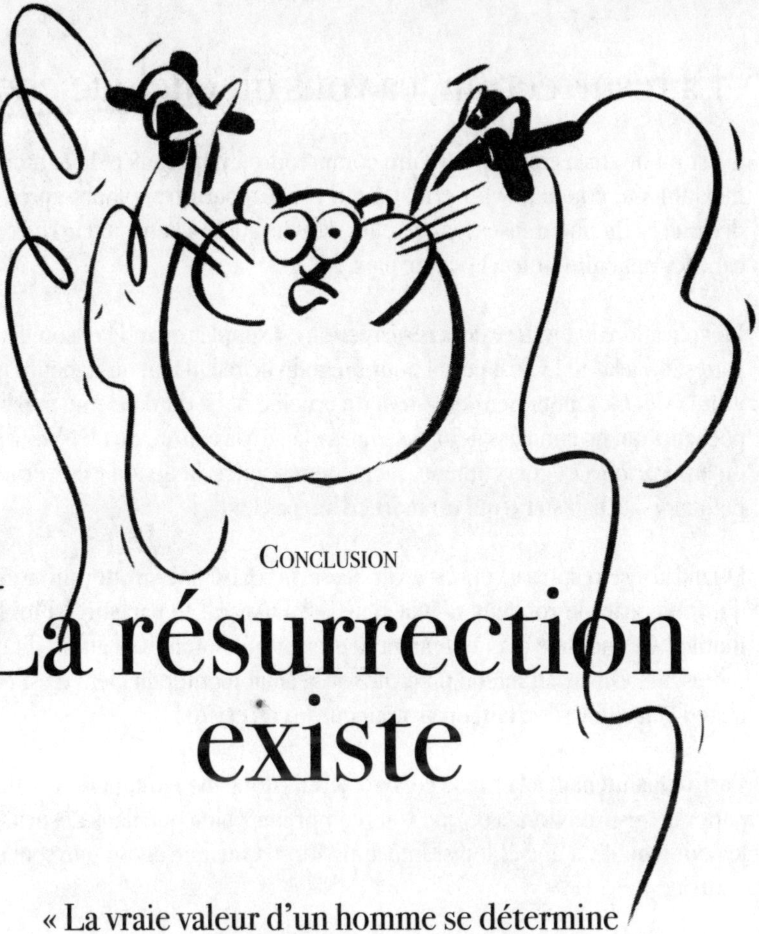

Conclusion

La résurrection existe

« La vraie valeur d'un homme se détermine
en examinant dans quelle mesure et dans quel sens
il est parvenu à se libérer du moi. »
Albert Einstein

La résurrection, ça vous dit quelque chose ?

C'est un mystère conçu pour faire comprendre l'importance de la mort du petit moi. Il a été conçu par un crucifié qui est réapparu trois jours après avoir été décloué : « Bienheureuses les cervelles dans lesquelles Pensouillard ne court plus, car elles ont enfin trouvé la sainte paix. »

L'explication du mystère de la résurrection est simple : quand Pensouillard lève les pattes, il y a la vie ! C'est pareil pour un grain de blé, il faut qu'il meure pour qu'il y ait la vie. Ces mots viennent aussi du crucifié, il l'a dit dans une parabole à des pêcheurs qui ne connaissaient pas grand-chose à la culture du blé. Voilà pourquoi on a pu revoir cet énergumène, même après une crucifixion : en vérité, c'est le petit moi – le hamster – qui est mort en lui, pas lui !

Quand il est réapparu, après avoir séjourné dans une grotte qui avait l'allure d'un tombeau, le rongeur n'était plus là ! Disparu, le parasite ! Fini le tapage inutile ! Cet homme était tellement heureux qu'il flottait. On aurait dit qu'il était ressuscité. On aurait même pu croire qu'il allait monter au ciel ; c'est comme ça quand Pensouillard se tait, on croirait que le ciel existe !

J'arrive maintenant à la fin de ce livre, je vais donc me taire, mais je tenais à vous parler de résurrection, à ce que vous compreniez bien que dans l'esprit où meurt le petit moi, il y a une éblouissante apparition. Quelque chose que seul le silence peut décrire...

Remerciements

Pour la présente édition, j'aimerais rendre hommage au regard des personnes qui ont cru à l'aventure « Pensouillard ». Il suffit parfois d'un seul regard pour changer le cours d'une vie. Je peux maintenant en témoigner. J'ai eu l'immense privilège de croiser les regards de Jean Paré, Rémi Tremblay, Mathieu de Lajartre, Florence Lécuyer, Jeanne Castoriano, ainsi que ceux d'Émilie et de Danielle, bien sûr. Ces personnes ont ouvert des voies, levé des obstacles, soigné des blessures... et le livre est né. Puis il s'est multiplié, grâce à d'autres regards : ceux de Patrick Gambache, Thierry Diaz et Séverine Zorzetto.

Cette fois-ci, ce sont ceux de Jeanne Castoriano (encore !), mon éditrice, et Laure Aline, des éditions de La Martinière, Gilles Rapaport et Laurence Salaün, qui lui permettent de renaître sous une autre forme.

En les remerciant, je tiens à souligner, à grands traits, l'impact que peut avoir sur un être humain la confiance à l'égard de son travail et du potentiel qu'il renferme.

Le **Dr Serge Marquis** est spécialiste en santé communautaire et consultant dans le domaine de la santé mentale au travail. Auteur à succès québécois, il est aussi un conférencier hors pair avec plus de 150 conférences par an au Québec et en France. En 1995, il a mis sur pied sa propre entreprise de consultation, T.O.R.T.U.E (Organisation pour Réduire les Tensions et l'Usure dans les Entreprises). Son expertise l'amène à intervenir régulièrement dans les médias. Il a publié *On est foutu, on pense trop !* (2015), traduit en 6 langues, et un superbe roman sur l'ego, *Le Jour où je me suis aimé pour de vrai* (Éditions de La Martinière, 2017).

Né en 1965, à Paris, **Gilles Rapaport** est dessinateur de presse, auteur et illustrateur de livres jeunesse. Il a travaillé pour les plus grands journaux français, avant de devenir l'un des meilleurs dessinateurs d'humour en entreprise, en France. Après avoir marqué l'édition jeunesse avec des albums très personnels traitant de sujets de société tels que la Shoah, il illustre aujourd'hui des projets plus légers. La série *Il y a des règles*, écrite par Laurence Salaün, est un grand succès public.